Nationalitäten- und  Sprachenstreit

in

Österreich.

Von

Rudolf Graf Czernin.

Wien, 1900.

Druck und Commissionsverlag von Carl Gerold's Sohn

I., Barbaragasse Nr. 2.

Hayes fund.

Inhalt.

Die Großmachtstellung der österreichischen Monarchie in ihren Beziehungen nach außen nicht minder, wie Gewicht und Ansehen derselben in ihrem innerlichen Bestande haben durch den Jahrzehnte lang wuchernden Nationalitäten- und Sprachenstreit schon eine bedauerliche und unwiederbringliche Einbuße erlitten, und es droht bei Fortdauer der heute geradezu unleidlich gewordenen Zustände das Fundament dieses altehrwürdigen Staatengebildes vollends in die Brüche zu gehen. Eine derartige, allen Illusionen abholde Erkenntnis kann nicht verfehlen, den aufrichtigen Patrioten mit ernster Sorge für die Zukunft seines Vaterlandes zu erfüllen. Aber die Trauer, die darob sein Herz ergreift, darf nicht der Muthlosigkeit Raum geben und auf die Entfaltung derjenigen Verstandes- und Charaktereigenschaften lähmend einwirken, denen allein Klärung der Wirren und Befreiung aus dem verderblichen Widerstreite egoistischer Interessen zugetraut werden können. Ruhige, von Parteileidenschaft gänzlich ungetrübte Einsicht, welche das Kleine dem Großen unterzuordnen, zielbewusste Energie, welche das als richtig Erkannte um seiner selbst willen zum Heile des Ganzen durchzuführen weiß, — das sind die beiden Leuchten, welche den Österreicher aus der Brandung politischer Leidenschaft in den rettenden Hafen geleiten müssen. Hohe Zeit ist es, dass sein Schifflein die Einfahrt finde, wenn nicht der Ocean der Weltgeschichte über seinem Namen zusammenschlagen soll.

1. Die Nationalitäten in Österreich.

Was den Streit so erbittert und unheilvoll macht, das ist seine grundsätzliche Bedeutung. Gilt es doch als Ehrensache eines jeden, der nicht charakterlos erscheinen will, an den Grundsätzen, die er sich zu eigen gemacht, sei es, dass sie ihm durch Erziehung eingeimpft wurden, sei es, dass eigene Forschung sie zu Angelpunkten seines Denkens und Handelns gemacht, nicht rütteln zu lassen. Bewegt sich die Sorge um die materiellen Lebensinteressen zunächst unter der breiten Masse von Durchschnittsmenschen, so sind es vorzüglich die Kreise der Intelligenz, welche, im Kampf um Principien das Kriterium einer höheren Lebensauffassung erblickend, denselben mit besonderer Hartnäckigkeit zu führen als ihre Pflicht betrachten.

Die hervorragende Bedeutung ideeller Interessen soll keineswegs in Abrede gestellt werden. Verleihen sie dem menschlichen Leben doch erst seine höhere Weihe, ohne welche sich dasselbe als nichts weiter darstellt, als das physiologische Problem des Stoffwechsels. Was den Menschen über die sonstige belebte Materie erhebt, ist die Fähigkeit, zu denken und zu wollen. Das erkannte Wahre und Gute hoch zu halten und dem Ideale nachzustreben, ist sein Lebenszweck.

Aber nicht jeder Satz ist wert, als unumstößliches Axiom festgehalten und mit Aufopferung materieller Güter gegen jede feindliche Strömung vertheidigt zu werden. Wir leben in der Zeit eines künstlich genährten intellectuellen Aufschwunges, wo zur Bekehrung der Massen, welche einen nüchternen Standpunkt zu bewahren nur allzu geneigt sind, mit Schlagworten gar fleißig gearbeitet wird. So manchem von diesen wird eine übertriebene Bedeutung beigemessen, und so mancher Grundsatz von scheinbar unbestrittener Wahrheit erscheint auf einer falschen Voraussetzung aufgebaut.

Gewiss entspringt die Liebe zur angestammten Nationalität einem natürlich sittlichen Gefühle, und die Pflege der nationalen Eigenart stellt sich nicht allein als berechtigtes Streben, sondern bis zu einem gewissen Grade sogar auch als sittliche Verpflichtung dar. Wie dem Culturmenschen die Familie heilig ist, so erblickt er in der Stammesangehörigkeit nur eine Erweiterung des Familienbandes. In consequenter Folgerung müsste er aber zu der Einsicht gelangen, dass alle Menschen als Sprossen desselben UreIternpaares mit ihm durch ähnliche Bande verknüpft seien. Hierin liegt schon ein Fingerzeig, dass die Pflege der Nationalität eine in der Entwicklungsgeschichte der Menschheit begründete Schranke finden, dass jene als ein Gut von keineswegs absolutem Werte vor gewissen Rücksichten höherer Art zurückstehen müsse. Nur die Sucht der Zeit, alles auf die Spitze zu treiben, konnte dem Nationalitätsbegriffe jene überwiegende Bedeutung verleihen, vor welcher das einseitige Urtheil einer für Schlagworte empfänglichen Menge selbst Begriffen höchster Ordnung, wie Religion und Vaterlandsliebe, keinen Raum gewähren möchte·

Widerspricht somit ein übertriebener, rücksichtsloser Nationalitätencultus überhaupt den Forderungen der Moral, so kann derselbe unter den ganz eigenartigen Verhältnissen der österreichischen Monarchie nicht anders als unvernünftig und verwerflich bezeichnet werden. Die historische Entwicklung dieses Reiches hat dasselbe zu einem Völkerconglomerate gemacht, wo zahlreiche Stämme, durch den Wahlspruch des Hauses Habsburg „Viribus unitis" geeint, unter seinem Banner sich als Bollwerk gegen die von Osten drohende Gefahr der Barbarei zusammengeschart haben. Wie selbst Adoptivkinder sich unter einander und mit ihrem Wahlvater durch Bande der Zusammengehörigkeit vereinigt fühlen, so hat auch diese meist auf friedlichem Wege entstandene Völkervereinigung die einzelnen Glieder des österreichischen Staates zu einer einzigen Familie gemacht, bevor der Nationalitätenhader in unseliger Weise das Trennende hervorzukehren und das Gemeinsame zu verwischen wusste.

Sollte das Jahrhunderte lang fortbestehende Band des gemeinsamen Herrscherhauses, die gleiche Treue zu demselben, das ohne Unterschied im Kampfe gegen die Feinde des Staatsganzen vergossene Blut, sollten die mit dem geistigen Aufblühen verknüpften, gemeinsam gewonnenen Errungenschaften cultureller, socialer und politischer Natur gar keine einigende Kraft auf die verschiedenen Stämme dieses Staatengebildes auszuüben imstande gewesen sein, sollten Freude und Stolz in glücklichen Tagen, gemeinsame Trauer in schwerer Zeit, sollte schließlich das erhabene Beispiel so mancher Angehörigen des Kaiserhauses die einzelnen Volksgenossen auch nach Jahrhunderten noch nicht zu Österreichern gemacht haben? Es wäre ganz unsinnig, den sittlichen Einfluss der in so vielerlei Lagen treu bewährten Zusammengehörigkeit leugnen zu wollen; kommt derselbe doch bei unzähligen Anlässen zum spontanen Ausdrucke, wo die Verehrung zum angestammten Herrscherhause und die Liebe zum gemeinsamen Vaterlande alle chauvinistisch engherzigen Bedenklichkeiten für einen schönen, aber ach nur zu kurzen Augenblick verstummen lassen!

Aber nicht allein in moralischer, sondern auch in materieller, völker-physiologischer Beziehung möchten wir den Begriff „Österreicherthum" von dem Makel befreien, der denselben zu einem unhaltbaren Luftgebilde macht. Der Franzose, Italiener, Engländer, ja auch der Deutsche, sie mögen in der Fremde sich ihres Namens rühmen, weil ihr Stamm sich mit dem Staate, der ihn umfasst, identificiert. Nur der Bewohner der österreichischen Gesammtmonarchie sucht sich gewissermaßen zu legitimieren, indem er seiner Stammesangehörigkeit nach sich als Deutschen, Slaven, Magyaren bekennt. Die Nationalität gilt ihm höher als die Zugehörigkeit zum Reiche. Aber wenn jene so hoch im Werte steht, dann muss sie wohl auch für den Österreicher eine ihr Gepräge unauslöschlich aufdrückende Bedeutung haben. Dem entgegen stellen wir auf die Gefahr hin, paradox zu erscheinen, die Behauptung auf, dass im Rahmen der österreichischen Monarchie der Begriff der Nationalität, eben weil jene sich als ein Gemisch der verschiedensten Nationalitäten darstellt, eine nur sehr untergeordnete Bedeutung besitzt, ja dass es hier überhaupt schon längst so zu sagen keine eigentliche Nationalität mehr gibt, insofern als durch fortdauernde Racenmischung der physiologische Begriff der reinen Stammesangehörigkeit heute vielfach bis zur Unkenntlichkeit verwischt ist.

Wie wäre es auch möglich, dass das räumlich mehr oder weniger enge Durcheinanderleben der verschiedenen Nationalitäten, welches gerade an den vorzüglichsten Stätten nationaler Unduldsamkeit besteht und mit der Sprache der Vernunft den Frieden predigt, wie wäre es möglich, dass die wirtschaftlichen Beziehungen unter den Angehörigen der einzelnen Stämme, welche durch das moderne Verkehrswesen eine mächtige Förderung erfahren haben, dass die seit Jahrhunderten stattgefundenen wechselseitigen Heiraten nicht von entscheidendem Einflusse auf die Vermischung der Racen gewesen sein sollten? Bei allem Streben nach Erhaltung der nationalen Eigenart haben doch, Gott sei Dank, innerhalb der österreichischen Monarchie bis in die neueste Zeit herauf im bürgerlichen Leben die Stammesunterschiede keine der Reichsangehörigkeit gleichkommende Bedeutung erlangt und die Anknüpfung von Familienbanden in keinerlei Weise gehindert.

Nur in der jenseitigen Reichshälfte hat sich der magyarische Stamm zum großen Theil in seiner Reinheit erhalten, indem er sich eine dominierende Stellung gegenüber Deutschen und Slaven zu bewahren verstand. In den im Reichsrathe vertretenen Königreichen und Ländern sind es die Italiener in Südtirol und im Küstenlande, welchen ein streng nationaler Typus erhalten blieb, sowie die Bewohner einiger abgeschiedener Theile der Alpenländer, deren territoriale Gestaltung der Berührung mit den Nachbarn nicht günstig war. Im übrigen treten uns die Beziehungen der verschiedenen slavischen Stämme zu den Deutschen in erster Reihe vor Augen. Diese beiden nationalen Hauptgruppen theilen sich in die höchst cultivierten Landstriche Österreichs und namentlich in die von der Natur gesegneten, aber von politischer Leidenschaft aufgewühlten Länder der Krone Böhmens, von denen als Hauptherd des Nationalitätenhaders die Brandfackel über das ganze Reich geschwungen wird, und ihre Wohnstätten stoßen oft so hart aneinander, dass der Rauch ihres Herdfeuers sich in dem gemeinsamen Himmelsblau vereint.

Und dennoch diese nationale Scheidewand, welche Deutsche und Čechen trennt! So starr sie sich in der Idee aufbaut, so schwer ist es thatsächlich, sie zu bestimmen. Unter allen Berufsclassen ist es wohl einzig und allein der Bauernstand, seiner Natur nach an der Scholle haftend und bei seinen Heiraten selten über die eigene Gemeinde hinaus freiend, welcher in größerem Umfange das Gepräge unvermischter Stammesangehörigkeit in sich bewahrt haben dürfte. Aber gerade dieser Stand hält sich seiner praktischen Lebensauffassung zufolge nationalen Streitfragen fern, und er verfolgt den in den Kreisen echter und falscher Intelligenz inscenierten Kampf nur mit dem einzigen Wunsche, dass die Opfer desselben sich nicht in wirtschaftlichen Fragen ihm allzu fühlbar machen möchten. Weder der deutsche, noch der böhmische Bauer wird von sich aus der nationalen Verständigung das mindeste Hindernis entgegen stellen, und wenn beide ihren ehrlichen Namen zur Theilnahme an den politischen und nationalen Tagesfragen hergeben, so geschieht es nur widerstrebend unter den moralischen Zwangsmitteln von Agitatoren.

Wie steht es weiter mit der nationalen Zugehörigkeit des Bürgerstandes, der Handel- und Gewerbetreibenden, der Studierten aller Kategorien, Advocaten, Ärzte, Redacteure, der Privat- und Staatsbeamten, all der im politischen Leben tonangebenden Factoren, ja des Adels selbst? Schon die Familiennamen werden auf diese Frage in zahlreichen Fällen deutliche Antwort ertheilen. Da haben wir z. B. einen deutschen Parteiführer, dessen unzweifelhaft čechischer Name trotz versuchter Germanisierung von seiner Abstammung Zeugnis ablegt und zu seinem ostentativ zur Schau getragenen unverfälschten Deutschthume in komischem Widerspruche steht. Oder einen čechischen Redacteur, welcher mit allem Feuer des Radicalismus für die heilige, gerechte böhmische Sache seine Lanze in die Tinte taucht und in öffentlichen Versammlungen die verhassten Deutschen mit oratorischen

Keulenschlägen vernichtet: er kann ungeachtet der Eliminierung aller störenden Vocale aus seinem Namen seinen Ursprung unmöglich vergessen machen, der deutsch war.

Und nun der Adel des historischen Königreiches Böhmen, ja der österreichische Adel überhaupt: kann von einer bestimmten Stammesangehörigkeit im strengen Sinne bei ihm die Rede sein? Nicht auf österreichischem, nicht auf böhmischem Boden allein ist die Wiege seiner Ahnen gestanden; aus allen Ländern haben Kriegsthaten und Staatsdienst sie unter dem Banner Habsburgs vereint, und für treue Dienste hat das Herrscherhaus sie oft königlich belohnt. Der Adel des Königreiches Böhmen im engeren Sinne aber, soweit derselbe unzweifelhaft seine Wurzeln im čechischen Volke trieb, kann er wirklich behaupten, im Laufe der Jahrhunderte čechisch geblieben zu sein? Gewiss nicht mehr, als die Angehörigen deutschen oder fremdländischen Adels, welche in Böhmen eingewandert und hier mit Gütern belehnt worden sind, durch diese ihre Ansässigkeit jemals den Anspruch für ihre Familien erwerben konnten, für „böhmisch" gehalten zu werden. Hier wie dort ist es der Name nicht, der entscheidet. Dort hat sich der alte „böhmische" Adel mit deutschem, hier der eingewanderte deutsche mit „böhmischem" Blute gemischt, und beide haben damit aufgehört, national zu sein. Sollte eine Reihe deutscher Stammütter in der Familientafel der Lobkowitz oder Wratislaw nicht imstande gewesen sein, das ursprünglich nationale Gepräge der Familie zu verwischen? Sollten andererseits die Thun oder Schwarzenberg deshalb, weil sie sich mit böhmischen Frauen vermählten, ihre deutsche Abstammung verleugnen können? Sie können es nicht, es wäre von ihnen aber auch nicht richtig, zu behaupten, dass sie reine Deutsche seien.

So ist denn die nationale Bewegung in Österreich, insofern sie sich als der angeblich unversöhnliche Gegensatz zwischen dem deutschen und slavischen Elemente darstellt, im großen und ganzen ein Streit um des Propheten Bart. Diesen Gegensatz haben der Einfluss der Zeit und das praktische Leben längst zu überbrücken gewusst, wo und insolange nicht berufsmäßiger Doctrinarismus der nationalen Idee eine übertriebene und für die österreichische Monarchie verhängnisvolle Bedeutung vindiciert hat. Angesichts der verschiedenen Nationalitäten, aus denen sich die letztere zusammensetzt, und der Thatsache, dass eben in diesem Vielfachen der Theile das providentielle Wesen und die historische Bedeutung dieses Staatengebildes gelegen sind, muss das Gewicht der einzelnen Theile vor der zusammenfassenden Bedeutung des Ganzen weichen. Die Forderungen des öffentlichen wie privaten Lebens haben zudem vermöge der Gleichförmigkeit und Gemeinsamkeit der zu diesem Zwecke getroffenen Einrichtungen das ihrige beigetragen, zwischen den charakteristischen Unterschieden der Stämme soweit einen Ausgleich herbeizuführen, dass sie, wechselseitig sich ergänzend und fördernd, bei etwas gutem Willen in vorzüglicher Weise zur Erreichung des Staatszweckes beitragen könnten. Für Österreich ist es zum Verhängnis geworden, dass keine seiner Regierungen jemals verstanden hat, dem Bewusstsein der Reichsangehörigkeit vor dem particularistischen Stammesbewusstsein Geltung zu verschaffen. Vielfach vom Unglücke heimgesucht, entbehrte der österreichische Staat jener äußeren Erfolge, welche den besten Kitt für das Reichsbewusstsein abgeben, und ererbter Pessimismus ließ in allen Zeitläufen das Errungene allzu gering, das Unheil hingegen in den schwärzesten Farben erscheinen. Trotz allem ist das Österreicherthum kein Phantom: unter der Asche nationaler Verblendung glimmt immer noch der Funke wahren österreichischen Bewusstseins, und angesichts der Jahrhunderte lang fortdauernden Verschmelzung der physischen und moralischen Merkmale und Interessen der Stämme mag es in der That als keine Utopie belächelt werden, von einer „österreichischen Nation" zu sprechen.

Den Deutschen Österreichs mag das stolze Bewusstsein, der großen deutschen Nation anzugehören, und die geistige Antheilnahme an den gewaltigen Errungenschaften politischer und wirtschaftlicher Natur, deren ihre Stammesgenossen im Reiche sich zu erfreuen haben, nicht ganz benommen werden. Aber sie mögen sich gegenwärtig halten, dass jenseits der schwarzgelben Pfähle wohl ein angesehener Vetter, aber doch nicht der Bruder wohne. Der gemeinsame Stamm liegt Generationen weit zurück; andererseits hat Schwägerschaft auch hierzulande nicht minder wertvolle Bande geknüpft. Der Deutschböhme, der in nationalem Taumel sich in erster Reihe berufen fühlt, die Fahne seines Deutschthums hoch zu schwingen, ist bei all der anmaßenden Betonung desselben doch lange nicht so deutsch, wie er möchte: zum mindesten ein paar Tropfen des verhassten čechischen Blutes werden gewiss in seinen Adern rollen, ihm wahrlich nicht zur Schande, seinem Wesen das Merkmal des Österreicherthums aufprägend. Aber auch der

Slave Österreichs, der bewundernd zu seinem großen Vetter
mit der Knute aufblickt, er möge in seinem berechtigten Slaven-
stolze nicht übersehen, dass er keineswegs wie jener einer geeinigten, in sich abgeschlossenen Nation angehört. Er nenne sich
Čeche, Slovene, Slovake, Ruthene oder Pole — immer ist er in
gewissem Grade vom deutschen Kitt durchsetzt; verwandtschaft-
liche Bande, Cultureinflüsse, die Erreichung des gemeinsamen
Staatszweckes, ja das praktische Bedürfnis der gegenseitigen
Verständigung, sie bringen ihm immer wieder das deutsche
Element vor Augen, dessen er als Österreicher, wenn auch
widerstrebend, bedarf.

Ist ein schrankenloser Nationalismus als Moment der Trennung, beziehungsweise Vereinigung für die Völker Österreichs
durch die Thatsachen keineswegs begründet, so muss der wahre
Patriot anderen Momenten ethischer Natur vor dem Begriffe der
Stammesangehörigkeit eine ausschlaggebende Bedeutung gewähren.
Solche sind: die Gemeinsamkeit der Religion, die Anhänglichkeit
an das Herrscherhaus, die Gleichartigkeit der Standesinteressen,
die Sorge um das Wohl des Staates als Ganzen und der Länder
als der zu gemeinsamem Zwecke beitragenden Theile. Nach
solchen Interessen und Zielen gegliedert, wird die Gesellschaft
genug Berührungspunkte zu gemeinsamer fruchtbringender Arbeit
finden, wo bisher die nationalen Gegensätze nur das Trennende
und Zerstörende zum Bewusstsein zu bringen vermochten.

2. Der österreichische Patriotismus.

Mit dem Überwiegen des Nationalbewusstseins unvereinbar
ist der wahre österreichische Patriotismus. Dieser kann einzig
nur aus den eben berührten ethischen Momenten hervorsprießen,
welche dem Österreicher seine gemeinsamen Interessen zum
Bewusstsein bringen. Der österreichische Patriotismus ist ein
Schlagwort, mit welchem viel Missbrauch getrieben wird. Die
Summe der Gefühle und Bestrebungen, aus denen er sich seinem
Wesen und dem der Monarchie nach zusammensetzen muss,
wird allzu häufig mit den spontanen Kundgebungen der Loyalität
für ein edles, in Leid und Unglück bewährtes Herrscherhaus
verwechselt. Wird der landläufige gesammtstaatliche Patriotismus
auf die Probe seiner politischen Leistungsfähigkeit gestellt, so
wird er sich allerdings der Aufgabe bewusst bleiben, zur Ausgestaltung der Wehrkraft und Erhaltung des äußeren An-

sehens der unter dem habsburgischen Scepter vereinigten Länder seiner Opferwilligkeit beredten Ausdruck zu verleihen, und es würde als unpatriotisch gebrandmarkt werden, an den Forderungen der gemeinsamen Regierung, Forderungen, welche die fast nur mehr auf äußerem Schein und hergebrachter Gewohnheit basierte Großmachtstellung Österreich-Ungarns zur Voraussetzung haben, einen wesentlichen Abstrich vornehmen zu wollen. Mit der Votierung des Kriegsbudgets zögert der Volksvertreter nicht, ungeachtet selbst der wirtschaftlichen Nothlage, seiner patriotischen Pflicht Genüge zu leisten, und die breite Masse der Wähler beugt sich heute noch in gleich anerkennenswertem Patriotismus vor dem Bestande der gemeinsamen Armee als des einzig noch erhaltenen Bollwerkes der gesammtstaatlichen Interessen. Hierin aber, etwa noch im begeisterten Anhören der Volkshymne und in der Freude an militärischen Schaustellungen, erschöpft sich der österreichische Patriotismus. Kommt es hingegen darauf an, dem künstlich nach außen bewahrten Gepräge durch Kräftigung des staatlichen Organismus im Inneren seine Berechtigung zu verleihen, dem Reiche zu geben, was des Reiches ist, da vermag man sich aus dem engen Bannkreise eines Local- und Provinzialpatriotismus nicht loszumachen, nationale Sonderinteressen und Reibungen politisch kurzsichtigster Natur verhindern jeden Aufschwung in wirtschaftlicher und cultureller Beziehung, der Gesetzgebungsapparat wird auf das Dictat frondierender nationaler Parteien völlig zum Stillstande gebracht, die Verwaltung lahm gelegt, und dem Auslande wird das traurige Bild eines seinem erhabenen Wahlspruche untreu gewordenen, in seine Theile zerfallenden, durch eigene Schuld zur Ohnmacht verurtheilten, durch und durch kranken Staatengebildes geboten.

Der politische und nationale Kampf, der sich in den gemäßigten Kreisen immer noch mit dem Mantel des österreichischen Staatsgedankens deckt, sieht sich heute leider schon vielfachen Äußerungen gegenüber, welche ihren direct unpatriotischen Charakter nicht verleugnen können. Das zu übertriebener Geltung gelangte Nationalbewusstsein strebt immer mehr der Bildung geeinigter Nationalstaaten zu, unbekümmert darum, dass sowohl die historische Entwicklung, wie die geographische Gestaltung der Länder der nationalen Idee in unzähligen Fällen eine ausschlaggebende Bedeutung zur Staatenbildung versagen. Aber der moderne Radicalismus, sich an Phrasen klammernd,

übersieht die Berechtigung des aus den concreten Verhältnissen
naturgemäß Gewordenen und setzt an dessen Stelle seine eigenen
Phantasiegebilde. So hat Österreich in den italienischen Landes-
theilen seine Irredenta, und in dem großen Kampfe zwischen
Deutschen und Slaven wenden sich die Blicke der heißblütigsten
Streiter nach Richtungen, wo ihnen weder das altehrwürdige
Wahrzeichen des Stefansthurmes, noch das schwarzgelbe Banner
des Kaiserhauses begegnet. Traurig genug, wenn diese Anlehnung
an das Fremde, dem man sich national befreundet fühlt, zum
Schaden des österreichischen Staatsgedankens unbewusst geschieht und ihre vorzüglichste Äußerung im üblichen Pessimismus findet, welcher sich im Verkleinern der eigenen staatlichen
Einrichtungen, Errungenschaften und Bestrebungen gefällt und
dem stammverwandten Auslande Weihrauch streut. Viel trauriger
aber noch, wenn nationaler Fanatismus sich zu Äußerungen
und Handlungen hinreißen lässt, welche zielbewusst darauf hin-
arbeiten, alle Gefühle der Liebe und Achtung für sein gemeinsames Vaterland im Österreicher zu ersticken, ja seinen Namen
selbst vor der Bezeichnung der Stammesangehörigkeit auszu-
merzen, und welche so, indem sie bestehende heilige Beziehungen
freventlich zerschneiden, neue, ausschließlich nationale Bande
zu knüpfen versuchen, die den Stempel des Hochverrathes an
sich tragen. Zu derlei bedauernswerten Ausschreitungen hat
die von gewissenlosen Regisseuren inscenierte Tragödie des
Racenhasses in Österreich bereits alle betheiligten Parteien in
ihren extremen Elementen verleitet, und die italienische Irredenta unterscheidet sich in ihrem direct antiösterreichischen
Wesen in keinerlei Weise vom Liebäugeln slavischer Blicke mit
dem nordischen Vetter und von den offenen Kundgebungen
reichsdeutscher Sympathie und Zugehörigkeit von Seite der
Deutschnationalen Österreichs. In diesem Sinne aufgefasst,
haben die nationalen Farben längst aufgehört, ein unschuldiges
und berechtigtes Kennzeichen der von der Gesammtmonarchie
umschlossenen Nationalitäten zu sein, und in der slavischen
Tricolore nicht minder, wie in dem schwarz-roth-goldenen Banner
muss heute das Symbol einer Gesinnung bekämpft werden,
welche mit dem Wesen des Österreicherthums unvereinbar ist.

Objectiv betrachtet, muss billigerweise zugegeben werden,
dass die Versuchung, unpatriotisch zu sein, vom rein menschlichen
Standpunkte an den Deutschösterreicher stärker herantritt, und
dass ein gewisses Schielen über die Grenze durch die Verhält-

nisse bei ihm begründeter erscheint, als es bei den Čechen und den ihnen verwandten Stämmen der Fall ist. Unbestreitbar bleibt die Thatsache, dass die Deutschen Österreichs, wenn auch vielfach von fremdem Blute durchsetzt, doch ihrer Abstammung nach der großen deutschen Culturnation angehören und sich mit derselben Eins fühlen. Der ihnen seinerzeit durch die Stellung Österreichs zum Deutschen Reiche aufgenöthigte Bruderkampf konnte keine dauernde Entfremdung zwischen stammverwandten und gleichgesinnten Nachbarn herbeiführen. Das seitdem auf staatsrechtlicher Basis begründete Bundesverhältnis hingegen scheint den freundschaftlichen Gesinnungen ihre formelle Berechtigung zu gewähren. Wenn nun die Deutschen Österreichs Zeugen waren und sind des großartigen Aufschwunges, welchen das Jahrhunderte lang zerrissene Deutsche Reich seit dreißig Jahren unter der thatkräftigen Leitung hervorragender Männer in politischer, cultureller und wirtschaftlicher Beziehung genommen hat, wenn sie sehen, dass der Name des geeinigten Deutschland heute an allen Punkten der Erde in Ehren steht, ist es nur menschlich, dass sie auch theilhaben möchten an dem stolzen Bewusstsein errungener Größe, dass sie, als Kinder desselben Stammes, den Drang in sich fühlen, selbst über die österreichischen Grenzpfähle hinaus zu posaunen: „Auch wir sind Deutsche!" Gewahren sie dabei im eigenen Hause doch das gerade Gegentheil von dem, was Deutschland geeinigt und groß gemacht hat: Innere Zerfahrenheit, engherzigen Particularismus, sich überstürzende, in ihren Zielen widersprechende Regierungen, und als Folge wirtschaftlichen und politischen Niedergang. Dabei musste die Vorherrschaft, welche ihnen bis zum Jahre 1866 Österreichs Stellung im deutschen Bunde unstreitig über die anderen Nationalitäten eingeräumt hatte, der doctrinären Gleichberechtigung aller Stämme innerhalb der österreichischen Monarchie weichen, und das numerische Übergewicht wie die aggressive Natur des slavischen Elementes, nicht minder die Connivenz mancher Regierungen für dasselbe, haben unstreitig ein Übriges gethan, dass die gesetzlich normierte Gleichberechtigung eine praktische Interpretation im Sinne der weiteren Schwächung deutschen Wesens gefunden hat, und dass unter ihrer Herrschaft an nicht wenigen Orten die slavische Hochflut alles, was deutsch ist, hinweg zu fegen droht. Es genügt der Hinweis auf die für die Deutschen unleidlich gewordenen Verhältnisse in der Landeshauptstadt Böhmens.

Ferne liegt es uns, unpatriotische Gedanken oder Thaten entschuldigen zu wollen. Aber werden solche im Deutschösterreicher durch die Macht der Verhältnisse nicht künstlich geweckt? Ein Österreich, welches die Deutschen dem Slaventhume opfern möchte, hätte aufgehört, für jene eine Nothwendigkeit zu sein.

Ganz verschieden liegen die Dinge auf der anderen Seite. Räumlich getrennt, sprachlich sich mehr oder weniger fremd, liegen die slavischen Stämme gleich Inseln von deutschen Gebieten umschlossen. Aus ihrer eigenen beschränkten Sphäre heraus unvermögend, sich wirtschaftlich und culturell zu entwickeln, haben sie vorzüglich deutschem Einflusse zu verdanken, was sie geworden sind. Deutsches Wesen und deutsche Sprache waren der einigende Kitt, welcher die einzelnen Glieder verband, und Österreich nannte sich das Staatengebilde, welches unter dem Scepter des einem deutschen Geschlechte entsprossenen Herrscherhauses, allen Theilen gerecht werdend und allen ein sicherer Hort, von der Vorsehung die Aufgabe empfieng, das Getrennte zu vereinigen und ihm ein gemeinsames Ziel zu weisen. Es ist ein bedeutsames Wort aus dem Munde eines edlen Sohnes der böhmischen Nation, dass ein Österreich, wenn es nicht bestünde, nothwendigerweise erfunden werden müsste. Wo sonst, als in Österreich, fänden die Čechen, die Slovenen, und wie die slavischen Stämme und Stämmchen sonst heißen, ihren Platz? Wo sonst wäre ihnen Gelegenheit geboten, sich national zu entwickeln? Der Anschluss an Russland ist ihnen durch die territoriale Gestaltung ihrer Wohnsitze verwehrt, und innerhalb eines sich über seine natürlichen Grenzen ausbreitenden Deutschen Reiches würden der Bethätigung ihrer nationalen Eigenart in ähnlicher Weise, wie es die Polen empfinden, gar bald solche Schranken gesetzt werden, dass ihnen gegenüber die deutschfreundlichsten Verordnungen österreichischer Staatsmänner als Zuckerpillen erscheinen müssten. Gewiss, die Slaven Österreichs, die Čechen an der Spitze, haben Ursache, tagtäglich dem Schöpfer zu danken, dass er ihnen zuliebe ein Österreich geschaffen. Sie brauchen dieses Reich, sie müssen es ehren, ihr Patriotismus ist eine Pflicht einfacher Selbsterhaltung, und ein Liebäugeln mit der Fremde ist nicht allein Undankbarkeit, es ist Unverstand und Wahnwitz.

Ein specifisch nationaler Patriotismus hat unter den Völkern der österreichischen Krone nur bei den Ungarn praktischen Sinn. . Wurde einerseits durch die staatsrechtliche Stellung der jenseitigen

Reichshälfte die Bildung eines ungarischen Nationalstaates ermöglicht, so hat selbst bei etwaiger Auflösung der Gesammtmonarchie die Nation der Magyaren für ihre nationale und politische Integrität wenig zu fürchten. Eingekeilt zwischen dem
russischen Reiche, allerlei slavischen Völkerschaften, den deutschen
Ländern und Italien, wird der ungarische Nationalstaat in seinem
ziemlich einheitlichen und ausgeprägten Typus keine übereifrigen
Bewerber finden, und alle Nachbarn werden zufrieden sein, ihn
als selbständigen neutralen Puffer für ihre gegenseitigen Expan-
sionsgelüste zu betrachten. So bedauerlich der Dualismus im
Hinblick auf die durch denselben verlorene Concentration der
gesammtstaatlichen Kräfte sich erweist, hat er gegenüber dem
streng österreichischen unstreitig die Berechtigung eines specifisch
ungarischen Patriotismus geschaffen. Ganz unzutreffend ist daher
der Hinweis čechischer Politiker auf das Ungarn gegenüber ein-
gegangene staatsrechtliche Verhältnis als Argument für die Er-
füllung ihrer eigenen nationalen Aspirationen. Der Dualismus ist
eine vollendete Thatsache, der Schritt zum böhmischen Staatsrechte aber noch nicht gethan.

3. Das böhmische Staatsrecht.

Der Kernpunkt der deutsch-böhmischen Frage liegt im Festhalten an der Fiction des böhmischen Staatsrechtes. Gehen auch
die Begriffe über dessen Wesen und Umfang bei den Vertretern
der čechischen Nation weit auseinander, herrscht weder in den
Köpfen dieser von Localpatriotismus beseelten, in ihrer Mehrzahl dabei gewiss von den besten Absichten geleiteten Anhänger
des feudalen Princips, noch viel weniger in der ihnen nach-
eifernden Menge irgend welche Klarheit über das, was sie mit
ihrem Staatsrechte erreichen wollen, so darf die in demselben
liegende Gefahr doch keineswegs gering angeschlagen werden.
Das durch agitatorischen Gebrauch landläufig gewordene Schlagwort umfasst in undeutlichen Umrissen nichts weniger als die
politische und wirtschaftliche Sonderstellung der zur Krone
Böhmens gehörigen Länder, und es wäre dessen Realisierung
wegen der hiebei unvermeidlichen Umwälzung der staatsrechtlichen Grundlagen der österreichischen Monarchie für deren Bestand und künftige Gestaltung von nicht minderer Bedeutung,
als ihre vor 33 Jahren erfolgte Zweitheilung. Dass die Befrie-
digung der nationalen Aspirationen der Magyaren auch die Čechen

zu ähnlichen sonderstaatlichen Bestrebungen ermuntern musste, ist umso begreiflicher, wenn sie hiefür das historische Recht und die nationale Tradition ins Feld zu führen vermögen.

Wir müssen darauf verzichten, für und wider den rechtlichen Anspruch Böhmens auf eine selbständige staatsrechtliche Stellung innerhalb des Verbandes der österreichischen Monarchie eingehende historische Untersuchungen zu pflegen. Wir betrachten dieselben als Sache der Theorie und überlassen sie ruhig den Geschichtsforschern und Juristen. Für das lebendig pulsierende staatliche und wirtschaftliche Leben gilt uns die Macht concreter Thatsachen höher als das Zeugnis vergilbter Pergamente. Wird die Grenze des materiellen Privatrechtes, wo dasselbe den offenen Weg des Naturrechtes verlässt, nur zu häufig von äußeren Umständen und der wechselnden Autorität bestimmt, so gilt das in noch weit höherem Maße von dem öffentlichen Rechte der Staaten und Nationen. Wer wollte sich unterfangen, das politische Leben der Völker nach den Normen hausbackener Rechtlichkeit und Sitte zu beurtheilen? Das klingt freilich sehr frivol, aber es entspricht dem Entwicklungsgange der Menschheit. Die Weltgeschichte legt einen ganz anderen Maßstab an, als das private Gewissen ihn kennt; für sie entscheidet das höhere Ziel und der Erfolg. Die französische Revolution ist in den von ihr angewandten Mitteln vom Standpunkte des Rechtes und der Moral gewiss zu verdammen: auf ihren Errungenschaften baut sich aber das gesammte Leben der Neuzeit auf. Der große Corse war ein Usurpator, der namenloses Unheil über die Welt gebracht: wer vermöchte aber zu behaupten, er habe an seinem Volke unrecht gehandelt, indem er dasselbe mit eiserner Faust den Schrecknissen der Anarchie entreißend, ihm geordnete Verhältnisse und den Waffenruhm gab? Unzählig sind die Beispiele, wo historische Entwicklungen und Umwälzungen sich nicht nach starren Rechtsgrundsätzen beurtheilen lassen, dennoch aber den Stempel der Nothwendigkeit an sich tragen.

Unter solchen Gesichtspunkten tritt uns das böhmische Staatsrecht als ein überlebtes Gebilde längst vergangener Zeiten entgegen. Der Berufung auf uralte Staatsschriften und Verträge, auf welche der Anspruch des böhmischen Volkes sich stützt, steht die unumstößliche Wahrheit gegenüber, dass vieles im privaten wie politischen Leben zu Recht bestand, was nicht mehr besteht, ohne dass es auf dem Wege der Gesetzgebung ausdrücklich derogiert worden wäre. Ganz abgesehen von der Thatsache, dass der extreme Standpunkt der heutigen Staatsrechtler die Stellung Böhmens vor der Schlacht am Weißen Berge zur Grundlage nimmt, das böhmische Volk aber alle ihm bis dahin gewährten politischen Rechte und Freiheiten durch seine Auflehnung gegen das Kaiserhaus zweifellos verwirkt hat und fortan zu demselben als im Verhältnis des mit Waffengewalt bezwungenen Rebellen stehend angesehen werden musste, kann doch selbst die staatsrechtliche Basis der „vernewerten Landesordnung" vom Jahre 1627 vor der Erwägung nicht bestehen, ob denn 270 Jahre im rollenden Rade der Zeiten und gänzlich veränderte politische Verhältnisse nicht ein hinreichender Grund seien, eine Staatsform als überlebt zu betrachten, welche in den Rahmen der Gegenwart durchaus nicht mehr passen will?

Wenn auch die Vertreter des Feudalismus eine wirtschaftliche wie politische Kräftigung der einzelnen Länder und eine Organisation ihrer Verwaltung, welche die Zufriedenheit der Volksgenossen verbürgt, mit einem gewissen Grade von Berechtigung als Voraussetzung für die Größe und das Ansehen des Staatsganzen betrachten, wenn auch unter den national so disparaten Verhältnissen der österreichischen Monarchie ein übertriebener Centralismus nothwendigerweise zur Erstarrung in bureaukratischem Formenwesen führen muss, so liegt doch auch hier wie so oft auf dem Gebiete hergebrachter Redensarten die Wahrheit in der Mitte. Concentration der hauptsächlichsten Functionen des staatlichen Lebens in den Händen von Männern, die, aus allen im Staate vertretenen Nationalitäten hervorgegangen, in ihren Anschauungen durch praktische Erfahrung und weltmännischen Vergleich abgeklärt, in hervorragendem Grade befähigt erscheinen, particularistische Vorurtheile und scheinbar collidierende Interessen auf dem Boden der Gerechtigkeit und des gesammtstaatlichen Bedürfnisses auszugleichen, ist noch lange keine Verknöcherung, und eine derart allen begründeten Ansprüchen Rechnung tragende, in Detailfragen den localen Autoritäten freien Spielraum gewährende, in ihren Hauptgrundsätzen und -Zielen aber consequente und thatkräftige Regierung wird nicht leicht in Gefahr gerathen, ihr anheimzufallen. Eine übermäßige Entwicklung der Theile hingegen, insoweit als sich aus denselben kleine, wirtschaftlich und politisch mehr oder weniger selbständige Einzelstaaten bilden, muss dazu führen, das einigende Moment, welches in der gemeinsamen Regierung liegt, gering anzuschlagen, die in der Peripherie zerstreut wirkenden Kräfte

zu zersplittern und, da heute nur einheitliche, in sich geschlossene
staatliche Organisationen eine Bedeutung in der Weltpolitik zu
erlangen vermögen, die Theile wie das Ganze zur Ohnmacht zu
verurtheilen.

Mit der politischen Sonderstellung des Königreiches Böhmen
schwebt den Staatsrechtlern aber ein sehr nüchterner Zweck vor.
Die reichen Hilfsmittel des Landes in den Steuersäckel des
Reiches fließen zu lassen, ist ihnen ein Dorn im Auge. Es kränkt
die nationale Eitelkeit, mit dem eigenen Ueberflusse das Reich
zu füttern und selbst am Hungertuche zerrütteter Landesfinanzen
nagen zu müssen. Wie viel vortheilhafter scheint doch eine selbständige finanzielle und wirtschaftliche Stellung unter eigener
Verwaltung innerhalb des lockeren Rahmens österreichischer
Staatsangehörigkeit zu sein, wo man dem Königreiche Böhmen
aus seinen unerschöpflichen natürlichen Hilfsquellen frisches
wirtschaftliches Leben einzuhauchen hofft, während dasselbe
sich durch seinen Zuschuss für die wirtschaftlich passiven Länder
und die Beitragsleistung zu den gemeinsamen Reichsausgaben
jetzt verblutet!

Ein solches Argument für das böhmische Staatsrecht hat
gegenüber theoretischen Erwägungen den unbestrittenen Vorzug
des Praktischen für sich. Die materiellen Fragen wirken oft be-
stimmend auf die Richtung der Politik. Böhmens wirtschaftliche
Kräftigung berührt das Interesse der čechischen Landeskinder
nicht minder wie das der deutschen, und als Heilmittel in diesem
Sinn aufgefasst, müsste das böhmische Staatsrecht auch von den
letzteren mit Sympathie begrüßt werden. Wenn dies nicht geschieht, so hat es seine Ursache im berechtigten Zweifel an der
Wirkung dieses Mittels und in der auf mannigfachen Erfahrungen
begründeten Überzeugung von schweren Schädigungen politischer
wie nationaler Natur, welche seine Verwirklichung im Gefolge hätte.

Wäre Böhmen eine abgeschiedene, von der Natur mit ver-
schwenderischen Gaben bedachte Insel mitten im Weltmeere, so
würde ihm sein staatsrechtlicher Verband mit weit entfernten
Ländern, denen es die Früchte seines Naturreichthums und die
Erzeugnisse des Fleißes seiner Bewohner opfern müsste, in wirtschaftlicher Beziehung gewiss nicht, in politischer dann auch nicht
zum Vortheile gereichen, wenn es von dort keinen Schutz zu
gewärtigen hätte. Aber die Dinge liegen anders. Böhmen ist ein
kleines Land mitten im Herzen Europas, eng umschlossen von
wirtschaftlich wie culturell hochentwickelten Staaten, gegen

welche es den Concurrenzkampf nur im Anschlusse an einen größeren, wirtschafts- und handelspolitisch kräftigen Staatencomplex zu bestehen vermag. Was Böhmen durch die Abgabe seiner Hilfsquellen für Zwecke des Staates unmittelbar verliert, das gewinnt es mittelbar in vielfachem Maße durch sein Ansehen auf dem Weltmarkte zurück. Indem es an den gesammtstaatlichen Actionen zur Hebung des Verkehrswesens und an den handelspolitischen Beziehungen der Monarchie zum Auslande, an der damit zusammenhängenden einheitlichen Förderung der Interessen der Landwirtschaft, des Handels und Gewerbes participiert, muss es für die ihm so zutheil werdenden Vortheile in der materiellen Unterstützung des Reiches den Kaufpreis bezahlen. Es gehört nicht zum Wesen der Sache, wenn dieser Preis durch die erhofften Vortheile in der Praxis nicht aufgewogen wird, weil innere Zerfahrenheit und schwankende Regierungssysteme sie auf halbem Wege entschlüpfen lassen. Aber vom materiellen Standpunkte begreiflich lassen die schlechten Erfolge der Reichsangehörigkeit das Umsichgreifen des Gedankens staatsrechtlicher Trennung immerhin erscheinen.

Was die politischen Consequenzen einer Erweiterung der bestehenden dualistischen Gestaltung der Monarchie zu einer Dreitheilung im Sinne des böhmischen Staatsrechtes betrifft, so muss die hiedurch veränderte Lage der Gesammtmonarchie, die Stellung des staatsrechtlich abgetrennten Gebietes der böhmischen Krone und schließlich das Verhältnis der übrigen Landestheile der diesseitigen Reichshälfte zu der letzteren und zum künftigen böhmischen Staate in Betracht gezogen werden.

In ersterer Beziehung würde der Name Österreich thatsächlich zur Bezeichnung eines seiner reichsten Glieder beraubten Ländercomplexes zusammenschrumpfen und könnte nur mehr die außerböhmischen Länder umfassen, denn der böhmische Staat würde nicht ermangeln, dem ungarischen in politischer Selbständigkeit nachzuwandeln und den Umfang österreichischer Staatsangehörigkeit auf das knappe Gebiet der gemeinsamen Angelegenheiten zu beschränken. Es gäbe dann eine „österreichisch-ungarisch-böhmische Monarchie", in welcher das ehemals der Welt gebietende Österreich auf ein Drittheil ihrer staatsrechtlichen Bezeichnung herabgesetzt wäre. Ob der lange Titel dieses complicierten Staatengebildes von dessen innerer Geschlossenheit Zeugnis ablegte und somit geeignet wäre, sein Ansehen im Auslande zu erhöhen, bleibt dahingestellt.

Die unter der Krone des heiligen Wenzel vereinigten Länder würden weit davon entfernt sein, den geträumten böhmischen Nationalstaat zur Verwirklichung zu bringen und darin dem ungarischen Staate weit unterlegen bleiben. Was hier die deutsche und slavische Minorität nicht zu verhindern vermochte, wird den mehr als zwei Millionen Deutschen Böhmens und der zahlreichen deutschen Bevölkerung Mährens und Schlesiens gegenüber undurchführbar. Das gewaltigste Hindernis findet das böhmische Staatsrecht in dem Umstande selbst, dass Böhmen zum sehr großen Theile deutsch ist, und dass die slavischen Connationalen infolge ihrer ungünstigen geographischen Verbreitung zur Bildung des böhmisch-čechischen Staates nicht beitragen können. Das böhmische Staatsrecht fußt auf nationaler Grundlage; wird diese erschüttert, so fällt jenes als Luftgebilde in sich zusammen.

Auf die Frage, ob ein derart national nicht geeinigter, von widerstrebenden Elementen durchsetzter böhmischer Staat politisch befähigt wäre, im zwanzigsten Jahrhundert auf der Weltbühne aufzutreten, ob nicht vielmehr ein wenn auch zerfahrenes Gesammtösterreich immer noch mächtiger auf die Geschicke der Welt einzuwirken vermöchte, als jenes zum Leben künstlich erweckte politische Gebilde des Mittelalters, werden die Staatsrechtler die Antwort bereit haben, dass sie in den auswärtigen Beziehungen sich der Führung Österreichs nach wie vor gern unterwerfen wollten. Wir stellen dem entgegen nur wieder die Behauptung auf, dass die Krone Österreichs dann zu einem leeren Schein herabgesunken wäre, der die Wenzelskrone ihren verlorenen Glanz auf der Weltbühne auch nicht annähernd zu ersetzen vermöchte.

Wie würden sich aber die übrigen österreichischen Länder zur Ablösung des böhmischen Staates von ihrem Verbande stellen? Sollten sie diese Verkleinerung des eigentlichen Österreich, welche in weltpolitischer, staatsfinanzieller und wirtschaftlicher Beziehung für sie verhängnisvoll werden müsste, geduldig hinzunehmen bereit sein? Würden sie den Preis der staatsrechtlichen Velleitäten der Čechen mit der eigenen Schädigung ruhig bezahlen wollen? Haben doch die Bewohner Böhmens und seiner Nebenländer genau die gleichen Pflichten gegenüber dem Gesammtstaate, denen engherziger Localpatriotismus sich nimmer entschlagen und der gemeinsamen österreichischen Sache damit nicht Abbruch thun darf. Und werden die Bewohner des verbleibenden Restes von Österreich, das doppelte Beispiel staatsrechtlicher Trennungen vor Augen, nicht ein ähnliches Bedürfnis empfinden, auch ihren Verband durch nationale Scheidung nach autonomen Gruppen deutschen, slavischen und italienischen Charakters zu lockern?

Armes Österreich, wenn ihm unter der missverstandenen Anwendung des Grundsatzes von der Kräftigung der Theile das einigende Band entschlüpfte, welches allein imstande ist, dieses Reich vor der Auflösung zu bewahren!

Bei der Bedeutung, welche das nationale Moment heute in der Welt genießt, liegt in demselben wohl die beste Erklärung, weshalb die Deutschen der böhmischen Länder sich den staatsrechtlichen Aspirationen ihrer čechischen Landsleute mit aller Energie, deren sie fähig sind, widersetzen zu müssen glauben. Wohl mit Recht betrachten sie die Betheuerung, dass ihrer nationalen Eigenart im künftigen böhmischen Staate kein Abbruch geschehen, dass derselbe Deutsche wie Čechen mit gleicher Gerechtigkeit umschließen werde, als eine leere Phrase, welche schon von den Erscheinungen des heutigen nationalen Lebens in Böhmen Lügen gestraft wird, und welche ein echter Staatsrechtler in seinem eigenen Innern wohl zu desavouieren sich beeilt.

Es liegt im Charakter des deutschen Stammes, dass ihm die Fähigkeit, sich auszubreiten, nicht in gleichem Grade eigen ist, wie dem slavischen. Die national aggressiven Tendenzen, welche hier einen praktischen Erfolg aufweisen, bewegen sich dort zumeist auf dem unfruchtbaren Felde extrem radicaler Demonstration, welche sie der Sympathieen aller ruhig Urtheilenden beraubt. Es kommt überdies wesentlich in Betracht, dass das slavische Element zum übergroßen Theile die Angehörigen der arbeitenden Classe umfasst, welche, dem wirtschaftlichen Bedürfnisse nach Gewinnung eines besseren Lebenserwerbes folgend, in die deutschen Industriegebiete dringen und dort, dem nationalen Kampfe selbst abhold, sich von Parteiführern und Agitatoren gegen die angesessene, weniger expansionsbedürftige deutsche Bevölkerung im Sinne nationaler Überflutung missbrauchen lassen. Diese Bestrebungen werden durch die bisher bei den Eindringlingen noch in erheblichem Maße vorhandene Kenntnis der deutschen Sprache günstig beeinflusst, während auf der anderen Seite ein ähnliches Vordringen deutscher Pionniere in čechische Gegenden in der unter ihnen herrschenden Unkenntnis der zweiten Landessprache sein Haupthindernis findet. Ist aber einmal eine entsprechende Anzahl čechischer Connationalen in

einem bis dahin deutschen Landestheile constatiert, so werden
von den nationalen Vertretern Schritte zur Erlangung čechischer
Schulen unternommen, denen nach der Sachlage und den gesetzlichen Bestimmungen gewöhnlich entsprochen werden muss, wobei allerdings die Grenze zwischen dem Bedürfnis und dem
Zwecke der Agitation nicht immer leicht zu bestimmen ist. Die
weitere Folge der čechischen Einwanderung ist die zweisprachige
Amtierung der Behörden, welche häufig dem Gerechtigkeitsgefühle
entspricht, in zahlreichen Fällen aber bloß auf Grund der Fiction
des böhmischen Staatsrechtes gefordert wird. Die geschäftlich-
nationale Reclame in den Tagesblättern thut auch das ihrige,
die Landeskinder čechischer Nationalität aufmerksam zu machen,
dass ihrer Ausbreitung noch so manche herrlichen Gebiete des
ihnen angeblich zu eigen gehörenden Königreiches zur Verfügung
stehen, sie einladend, daselbst theils zum Lebenserwerbe, theils
zum frohen Naturgenusse auf Kosten des deutschen Elementes
sich festzusetzen, ein Kampfmittel, welches allerdings auch der
Gegenseite zur Verfügung steht, selten aber mit der Germanisierung
čechischer Orte endigt. Ohne den oft allzu wehleidigen Klagen
der Deutschen mehr als billig Gehör schenken zu wollen, können
wir doch nicht verhehlen, dass die allmähliche, systematische
Čechisierung vieler deutschen Gebiete und Orte uns eine nicht
mehr hinwegzuleugnende Thatsache dünkt.

In Verbindung mit diesen nationalen Expansionsgelüsten
ist die ausschlaggebende Bedeutung, welche das auf dem Parlamentarismus basierte Majoritätsprincip im heutigen politischen
Leben der Parteien und Völker erlangt hat, und welche der
brutalen Logik der Ziffern vor staatskluger Abwägung der Verhältnisse das Übergewicht verleiht, für die Deutschen Österreichs ein zwar egoistischer, aber menschlich begreiflicher Grund,
im Interesse der Selbsterhaltung da, wo sie sich in der Minorität
befinden, den nationalen Gegnern auf dem Gebiete der Verwaltung einen dominierenden Einfluss nach Möglichkeit zu verwehren.
Es dürfte hier der Ort sein, auf die Verhältnisse der communalen
Verwaltung in Prag hinzuweisen, welche, gegenwärtig in jungčechischen Händen, die Deutschen jeden Einflusses auf die Angelegenheiten der Gemeinde beraubt und vom geträumten böhmischen Zukunftsstaate ein Bild im kleinen gibt.

Das Thatsächliche dieses höchst unerquicklichen Zustandes
ist nur allzu bekannt. Die Landeshauptstadt Böhmens, in welcher
seit sechs Jahrhunderten das deutsche Element neben dem

čechischen eine hervorragende Stellung auf gewerblichem, ästhetischem, wissenschaftlichem und socialem Felde einnimmt, soll jeglichen deutschen Gepräges entkleidet werden, sie soll čechisch sein und es vor der Welt erscheinen. Zu diesem Endziele finden sich die Wege auf dem gesetzlichen Boden der Gemeinde-Autonomie. Aus der Gemeindeverwaltung ist durch rücksichtslose Anwendung des Majoritätsprincipes alles, was deutsch ist oder auch nur deutschfreundlich sein könnte, ausgemerzt worden, und die so zusammengesetzte autonome Verwaltung entscheidet über Wohl und Wehe der Bürger, wohlgemerkt auch über das der 30.000 angesessenen Deutschen. Nationale Großmannssucht siegt über die Forderungen der Vernunft und Billigkeit, und der unbestreitbaren Vergewaltigung gegenüber beschwichtigen die nationalen Machthaber ihr Gewissen mit dem Hinweise auf die Pflicht der Retorsion. Auf dieses Capitel wollen wir in der Folge zu sprechen kommen.

Zur Beleuchtung der Lage, in welcher sich die in numerischer Minderzahl befindlichen Deutschen einem Staate mit čechischer Verwaltung gegenüber befinden würden, genügt eine Wanderung durch die Straßen des goldenen Prag. Die bisher zweisprachigen Straßentafeln sind einsprachig čechischen Bezeichnungen der Gassen und Plätze gewichen, und um die Lage der Deutschen noch zu verschlimmern, werden althergebrachte, Generationen beider Stämme geläufige Namen durch neu erfundene, aus dem čechischen Nationalgefühle geschöpfte Bezeichnungen ersetzt. Wenn nationaler Fanatismus sie obendrein als unübersetzbar decretiert, so gibt er sich damit nur selbst dem Fluche der Lächerlichkeit preis. Dieser dem praktischen Bedürfnisse wie billiger Einsicht Hohn sprechenden communalen Heldenthat, welche sich in ihren Folgen an ihren kurzsichtigen Veranstaltern selbst zu rächen beginnt, versuchte die politische Verwaltung sich zu widersetzen; sie ist jedoch in höchster Instanz vom Verwaltungsgerichtshofe genöthigt worden, die Beschlüsse der Gemeinde, weil der formal gesetzlichen Basis nicht entbehrend, als zu Recht bestehend anzuerkennen.

Liegt schon eine unerhörte Provocation und Schädigung der Deutschen Prags darin, ihnen die Orientierung an ihrer Geburtsstätte zu verwehren, so widerstreitet ein Übergreifen derart chauvinistischen Übermuthes auf das Gebiet der Sicherheitspolizei, insofern als Warnungstafeln gegen körperliche Beschädigung bei der elektrischen Straßenbahn u. s. w. nur für die Anhänger čechischer Nationalität verständlich angebracht werden, geradezu der Verpflichtung der Gemeinde, für die Sicherheit aller Bürger zu sorgen, aber nicht minder auch den Aufgaben der Staatsverwaltung, welche die Sicherheitspolizei in den Händen der Gemeindeorgane zu überwachen hat, insofern sie einen solchen Zustand zu dulden für gut findet. Wo aber gar deutliche gesetzliche Bestimmungen, welche an anderen Orten mit weit weniger Begründung mit pedantischer Genauigkeit zum Nachtheile der Deutschen gehandhabt werden, wie die Zweisprachigkeit der dem Eisenbahnministerium unterstehenden, in Böhmen gelegenen Verkehrsanstalten, bei der Prager Tramway im Sinne čechischer Einsprachigkeit einfach ihrer Geltung beraubt werden, und die höchsten Behörden hiebei einzuschreiten sich nicht veranlasst sehen, liegt der eclatanteste Fall einer unter der Herrschaft des Majoritätsprincipes im Dienste čechischen Chauvinismus an den Deutschen verübten Vergewaltigung vor.

Dass ein Prager Stadtverordneter im Magistrate allen Ernstes einen Antrag einzubringen vermochte, dahin zielend, den Bediensteten der städtischen Anstalten sei im Verkehre mit dem Publicum der Gebrauch der deutschen Sprache strenge zu untersagen, und dass ein solcher Antrag überhaupt der geschäftsordnungsmäßigen Behandlung unterzogen werden konnte, zeigt, wie der nationale Fanatismus dem deutschen Elemente gegenüber bereits den Siedepunkt des Wahnwitzes erreicht hat, unter dessen Einflusse die Vernunft ihre Rechte verliert, und der höhere Zweck der Unterdrückung des Deutschthums nicht allein den geschäftlichen Instict, welcher auch dem fremdsprachigen Kunden dienstbereit zu sein sich befleißt, sondern auch die weltmännische Erfahrung zum Schweigen bringt, welche dem nicht minder chauvinistischen, aber politisch reiferen Magyaren immer noch die Unentbehrlichkeit der deutschen Sprache vor Augen hält.

Hier und bei anderen Gelegenheiten wird das bedingungslose Majoritätsprincip ad absurdum geführt. Dasselbe setzt voraus, dass die materiellen Grundlagen bei den Stimmberechtigten annähernd gleich seien, so dass die Ziffer allein sprechen könne. Wenn die Mitglieder eines Feuerwehrvereines ihre Stimmen zur Wahl des Vorstandes abgeben, so sind diese als gleichwertig zu betrachten, weil die aus dem Vereinsverhältnisse folgenden Rechte, Pflichten und Interessen bei allen Mitgliedern die gleichen sind. Die aus gleichartigen Elementen bestehende Bevölkerung einer Stadt mag den Willen der Mehrheit unbedingt zur Geltung bringen. In Prag stehen nun 150.000 Čechen 30.000 Deutschen gegenüber. Die grundlegenden Verhältnisse, welche für die Antheilnahme an der Gemeindeverwaltung ausschlaggebend sind, erscheinen unter den beiden Theilen sehr verschieden. Es geht nicht an, die Stimmen bloß zu zählen, sie müssen auch gewogen werden. Wenn die Summe an Wohlstand und Steuerleistung bei den 30.000 Deutschen mit jener auf čechischer Seite verglichen wird, und man findet, dass sie von dieser vielleicht gar nicht oder nur um ein Geringes übertroffen wird, gilt ein ähnliches Verhältnis mit Bezug auf Bildungsniveau und Intelligenz, so ist die Majorisierung des kleineren, aber relativ bedeutenderen Bevölkerungstheiles als eine brutale Ungerechtigkeit aufzufassen, umsomehr, als durch dieselbe die Wahrung berechtigter nationaler Interessen für einen zur österreichischen Völkerfamilie gehörigen Stamm bis in die obersten Instanzen hinauf unmöglich gemacht wird.

Übrigens gibt es Imponderabilien, welche einer Majorisierung nie und nimmer unterliegen dürfen. Zu denselben gehört das persönliche Recht, an seinem Heimatsorte nicht als Fremdling behandelt zu werden. Die Deutschen Prags, welche durch viele Generationen in dieser Stadt erbangesessen sind, an ihrer wirtschaftlichen wie culturellen Entwicklung, am Aufblühen der Künste und Wissenschaften daselbst den intensivsten Antheil genommen haben und hierin fördernd und anregend auf den čechischen Nationalgeist einzuwirken wussten, sie dürfen schon aus dem Grunde ihres Heimatsrechtes, welches ihnen doch nur die äußerste Exaltation bestreiten wird, verlangen, dass ihnen die Orientierung in der Stadt nicht verwehrt werde, dass eine octroyierte Einsprachigkeit ihre persönliche Sicherheit und Annehmlichkeit in keinerlei Weise bedrohe, und dass sie im Gebrauche ihrer Sprache bei den Ämtern und Behörden nicht im geringsten gehindert werden. Dies zu verlangen, hat der Deutsche Prags ein unantastbares Recht, einerlei, ob das Anwachsen der nationalen Gegner ihn mit numerischem Übergewichte zu erdrücken droht, und aus diesem seinem Hausrechte kann und darf kein Stimmenverhältnis ihn verdrängen *).

---

*) Die Billigkeit gebietet, hier einen grundsätzlichen Unterschied zwischen Prag und seinen Vororten zu machen. Was dort für den Deutschen vermöge seiner Ansässigkeit Recht ist, darf er z. B. in der neu entstandenen čechischen Stadt Königliche Weinberge nicht ohneweiters beanspruchen. Hier besitzt er als Nation kein besonderes Heimatsrecht, hier genießt er nur das allgemeine Recht des österreichischen Staatsbürgers.

Wenn trotzdem, aller Gerechtigkeit Hohn sprechend, der Deutsche in Prag heute zum Fremdling geworden ist, so hätte er ein ähnliches Los in seinem Heimatslande Böhmen zu erwarten, falls čechisch-nationale Bestrebungen die Oberhand gewännen. Den 3·6 Millionen Čechen Böhmens steht er allerdings mit dem moralischen Gewichte seiner Intelligenz und seines Gewerbefleißes sowie auch mit einem hohen Maße von Opfern für den Landessäckel und die Reichscassen, aber doch mit der numerischen Minderzahl von 2·1 Millionen gegenüber. Nach den gemachten Erfahrungen ist da in einem böhmischen Staate für ihn kein Platz.

Das böhmische Staatsrecht muss, wenn auch alle möglichen historischen, staatswissenschaftlichen und Gründe der Zweckmäßigkeit für seine Realisierung sprechen würden, dennoch schon aus der einzigen Ursache undurchführbar erscheinen und von jeder österreichischen Regierung, welcher Ruhe und Friede der Regierten am Herzen liegt, unbedingt perhorresciert werden, weil die Deutschen Böhmens und seiner Nebenländer dasselbe nicht acceptieren wollen und nicht acceptieren können. Nachgiebigkeit in dieser Richtung käme einem nationalen Harikiri gleich. Es gibt kaum ein öffentliches oder privates Recht, welches absolute Geltung beanspruchen könnte: Rücksichten höherer Ordnung legen selbst ererbten Rechten empfindliche Beschränkungen auf. Dem angeblichen Staatsrechte des čechischen Volkes steht das zweifellose Recht der Deutschen gegenüber, in ihrem nationalen Besitzstande geschützt zu werden, und über allem steht das Recht der österreichischen Monarchie, durch Sonderbestrebungen ihrer Glieder in ihrem eigenen inneren Bestande nicht bedroht zu werden. Allen Völkern gerecht zu sein, ist ihre Aufgabe; es ist mit derselben unvereinbar, dass eines ihrer Völker mittelst der schweren Verletzung eines zweiten befriedigt werde. Wenn schon das Vorgehen der nationalen Mehrheit in der böhmischen Landeshauptstadt zur Folge hat, dass immer mehr angesehene und begüterte deutsche Familien ihrer zum nationalen Krähwinkel gewordenen Wiege den Rücken zu kehren sich entschließen, und dies in erster Reihe seine bedauerliche Rückwirkung auf die Stadt selbst üben muss, welche bald ihre Übereilung mit dem Rückgange von Handel und Gewerbe und dem Versiegen des Fremdenzuflusses zu büßen haben wird, so würde ein weiteres Verdrängen des deutschen Elementes in den Ländern der böhmischen Krone seine unheilvolle Wirkung auf dieselben und über

dieselben hinaus auf die Gestaltung und das Ansehen des österreichischen Staates zur Geltung bringen, was die Regierung nie
und nimmer zugeben darf. Damit soll nicht gesagt sein, dass
umgekehrt die Sachlage für die Slaven und für die Monarchie
selbst günstiger wäre, wenn die überwiegend deutschen Länder
Österreichs einen Anspruch auf staatsrechtliche Sonderstellung
für sich vindicieren würden. Ein jegliches Staatsrecht auf national
separatistischer Basis birgt für Österreich den Keim der Auflösung in sich und muss von jedem ehrlichen Patrioten uner-
bittlich bekämpft werden.

4. Die Sprachenfrage in Österreich.

Wie in staatsrechtlicher Beziehung, so haben die nationalen
Aspirationen der slavischen Völker damit in engem Zusammenhang auch auf dem Gebiete des Sprachenrechtes in Österreich
einen Zustand heilloser Verwirrung angerichtet. Die Tendenz der
Zurückdrängung des deutschen Elementes erstreckt sich heute
nicht allein auf dessen früher bestandene politische Präponderanz,
sondern sie äußert sich in besonders heftigem Ansturme gegen
das Geltungsgebiet der deutschen Sprache. Alter Druck hat einen
maßlosen Gegendruck erzeugt, und die Abwehr von deutscher
Seite überschreitet wieder häufig jene Grenzen, welche durch die
Rücksichten auf den polyglotten Charakter der Monarchie und
die gesammtstaatlichen Interessen geboten erscheinen.

Der Gebrauch der eigenen Sprache muss als vorzüglichste
Äußerung des Nationalbewusstseins aufgefasst werden. Die
geistige Entwicklung eines Volkes steht mit der Ausbildung seiner
Sprache in enger Wechselbeziehung: letztere ist der Träger seiner
Cultur, und die erlangte höhere Culturstufe drückt wieder der
Sprache ein vollkommeneres Gepräge auf. Eine Nation, die ihre
Sprache nicht wahrt und pflegt, hat keinen Anspruch auf den
Wettbewerb der Culturvölker. Die Muttersprache zu lieben, ist
Naturgesetz. Mit allem berechtigten Stolze ihr Geltung zu ver-
schaffen, ist ein Bedürfnis wachsender Intelligenz.

Die Sprache im allgemeinen ist ein Gut, welches seinen
Wert in dem der Menschheit angeborenen Mittheilungs- und
Verkehrsbedürfnisse findet. Der Muttersprache im besonderen
kommt noch der Affectionswert eines Nationalgutes zu. Der
Charakter der Sprache als eines immateriellen Gutes innerhalb
der sittlich intellectuellen Ordnung hebt deren Fähigkeit nicht

auf, ein Object des Strebens und des wirklichen Besitzes zu sein. Zur Wertbemessung desselben und damit zur richtigen Abwägung der zu seiner Erlangung aufzuwendenden Kräfte dient der sittliche Maßstab des Zweckes. Wie die Gabe der Vernunft nicht missbraucht und in ihr Gegentheil verkehrt werden darf, so unterliegt auch die Sprache in ihrer Bethätigung der sittlichen Richtschnur des von der Vorsehung gegebenen Endzweckes. Dieser ist aber die Verständigung. Das Moment des nationalen Affectes kommt erst in zweiter Reihe in Betracht, insoweit dasselbe sich der Zweckbestimmung der Sprache unterordnet und ihr nicht im Gegentheil widerstreitet.

Wo Rechte anderen Rechten gegenüberstehen, werden sie von correlaten Pflichten begleitet. Dabei ist es einerlei, ob die Rechte privater oder öffentlicher Natur sind, ob sie auf materieller Grundlage oder in der intellectuellen Sphäre fußen. Jedes Recht findet seine Einschränkung durch andere Rechte gleicher oder höherer Ordnung, und aus diesem Neben- und Untereinander entsteht der sittliche Begriff der Pflicht. Auch auf den Gebrauch der Muttersprache hat jedermann ein in der natürlichen Ordnung gegründetes Recht. Dieses Recht auch bei anderen anzuerkennen, bildet seine Pflicht. Bei der gegenseitigen Abwägung der correlaten Sprachenrechte und -Pflichten werden der gleiche Anspruch des anderen, das höhere Recht des Staates als Träger der Interessen der Gesammtheit und über allem der vernünftige Titel des Zweckes zu berücksichtigen sein.

Die Beobachtung dieser Grundsätze mit Bezug auf das Recht der Sprachen wird in einem polyglotten Staate wie Österreich zur unabweislichen Nothwendigkeit, soll sich das geordnete Staatswesen nicht in ein Choas von zehnerlei sprachlich sich befehdenden, sich nicht verstehenden und aller Verständigung abgeneigten Nationalitäten auflösen. Die Geschichte vom babylonischen Thurmbau wäre in dieser Hinsicht für uns lehrreich genug; und wenn sie zeigt, dass Sprachenverwirrung schon eine rein manuelle Arbeitsleistung zu vereiteln vermag, wie gedenkt man unter ihrem Einflusse den Aufbau eines vielgestaltigen Staatsorganismus zu vollbringen und denselben zu regieren?

Die von der Natur der Sprache zugewiesene Aufgabe, der Verständigung zu dienen, beschränkt sich keineswegs auf die Angehörigen derselben Völkerfamilie; sie muss sich auch auf den Verkehr der einzelnen Sprachstämme untereinander und auf den durch die Staatenbildung bedingten Verkehr der national verschiedenen Glieder mit den Repräsentanten der Staatsgewalt erstrecken. In diesen Beziehungen muss das Recht des wechselseitigen Gebrauches der Sprachen in Österreich solchen Beschränkungen unterworfen werden, wie sie der Zwecktitel der allgemeinen Verständigung, die billige Abwägung concreter Verhältnisse und das praktische Bedürfnis erheischen. Es ist eine übertriebene Äußerung des Nationalgefühles, wenn jeder der Volksstämme Österreichs für sich hartnäckig auf seinem sprachlichen Rechte besteht und eine Verletzung seines einseitig schroffen Standpunktes als nationale Beleidigung empfindet. Das nationale Moment muss hier dem höheren Zwecke der Verständigung weichen. Dass aber die letztere nur dann möglich wird, wenn eine Einigung über den Gebrauch und das Geltungsgebiet der Sprachen erzielt wurde, ist eine in der Natur der Dinge begründete Thatsache, die durch nationale Empfindlichkeiten nicht hinweg geleugnet werden kann.

Wenn der Artikel 19 des Staatsgrundgesetzes vom 21. December 1867 über die allgemeinen Rechte der Staatsbürger die Gleichberechtigung der Volksstämme und der Sprachen statuiert, so wird dieser principiellen gesetzlichen Bestimmung von den Anhängern des Nationalitätsprincipes eine Bedeutung beigemessen, welche sie nach der Natur der Dinge nicht haben kann. „Jeder Volksstamm hat ein unverletzliches Recht auf Wahrung und Pflege seiner Nationalität und Sprache" — aber nicht jeder Volksstamm kann an jedem Orte der Monarchie unter Berufung auf das Staatsgrundgesetz die Verständigung mit den Bürgern anderer Nationalität und mit den staatlichen und autonomen Behörden in seiner Sprache verlangen. „Die Gleichberechtigung aller landesüblichen Sprachen in Schule, Amt und öffentlichem Leben wird vom Staate anerkannt" — aber ihre Anwendung kann unter Berufung auf das Staatsgrundgesetz nicht verlangt werden, wo sie nicht landesüblich sind. Mit dem missverstandenen Schlagworte von der Gleichberechtigung ist ein gefährlicher Zündstoff in die vom Nationalismus erhitzten Massen geworfen worden. „Summum jus, summa injuria!" Ein mathematisch völlig gleiches Sprachenrecht würde, wenn die Forderung nach einem solchen in sich nicht schon unausführbar wäre, in zahllosen Anwendungen die größte Ungerechtigkeit im Gefolge haben und als ein Verbrechen am Bestande des österreichischen Staates zu betrachten sein.

Dem modern doctrinären Haschen nach leeren Schlagworten ist es vorbehalten geblieben, den Cultus der Nation und der Sprache außer der gesetzlich gewährten Gleichberechtigung auch noch mit dem neu construierten Begriffe der „Gleichwertigkeit" zu bekleiden und für denselben sogar die Bürgschaft der Codification zu erstreben.

Der Wert jeder Sprache als eines ideellen Gutes lässt sich unterscheiden nach demjenigen Werte, welcher ihr an sich und nach ihrem innerlichen Gehalte zukommt, und nach ihrem äußeren Gebrauchswerte, welcher von besonderen Verhältnissen abhängt. In ersterer Beziehung liegt der Wert einer Sprache in ihrer Ausbildung, ihrem Formen- und Wortreichthume, in ihrem Wohlklange und ihrer Verbreitung. Ob eine Sprache von 65 oder von 5 Millionen gesprochen wird, oder ob sie gar nur das Verkehrsmittel einer noch kleineren Völkerinsel ist, kann für ihre Wertschätzung nicht ohne Einfluss sein. Ob die Sprachgenossen vorwiegend Ackerbautreibende, Hirten- oder Nomadenvölker sind, oder ob die Sprache dem intellectuellen Bedürfnis eines geistig hoch entwickelten Volkes dient, Wissenschaft und Poesie sich ihrer in reichem Maße bedienen, und sie sogar auf die geistige und sprachliche Entwicklung der Nachbarvölker fördernd eingewirkt hat, das sind Momente, welche für die Bestimmung ihres inneren Wertes von wesentlicher Bedeutung sein müssen. Das letzte Wort hierüber gebürt aber keineswegs den eigenen Zeit- und Sprachgenossen, sondern bleibt dem ausgleichenden Urtheile der Geschichte vorbehalten.

Was den äußeren Wert einer Sprache betrifft, so hängt derselbe unmittelbar von ihrer Gebrauchsfähigkeit zu einem allgemeinen oder besonderen Zwecke der Verständigung ab. In dieser Beziehung kommt der französischen, englischen und deutschen Sprache ein allgemeiner Gebrauchswert zu, während beispielsweise die Kenntnis des Chinesischen für denjenigen von großem Werte sein kann, der das chinesische Reich zu bereisen gedenkt.

Es ergibt sich hieraus, dass es eine absolute Gleichwertigkeit der Sprachen überhaupt nicht gibt. Das Verlangen, eine Sprache als gleichwertig mit einer anderen öffentlich anerkannt zu sehen, entspringt vielmehr einem über die natürlichen Grenzen hervorquellenden, rein pathologischen Nationalgefühle, welches die Zweckbestimmung der Sprache verkennt. Wird die absolute Gleichberechtigung immer nur ein mehr oder weniger akade-

mischer Begriff bleiben, so hat mit dem neuartigen Grundsatze
der Gleichwertigkeit der Sprachen die radicale Gleichmacherei
geradezu den Gipfel des Widersinns erklommen. Nur von einem
relativ gleichen Werte lässt sich reden, den zwei oder mehrere
Sprachen zur Erreichung desselben Zweckes besitzen.

Untersuchen wir nun die in Österreich, abgesehen von der
ungarischen Reichshälfte, gesprochenen mannigfachen Idiome mit
Bezug auf die Frage ihrer inneren und äußeren, absoluten oder
relativen Gleichwertigkeit, so werden wir ein Vielerlei von
slavischen Sprachen mit der deutschen in Vergleich zu bringen
haben. Das Italienische kann hiebei, weil für dasselbe die Frage
der Gleichwertigkeit in Österreich noch nicht actuell geworden
ist, außer Betracht bleiben. Da überdies dieser Anspruch vorzüglich aus čechischen Nationalkreisen hervorgeht, so wollen wir
den Vergleich auf das Čechische als die am meisten entwickelte,
verbreitetste und staatsfähigste slavische Sprache Österreichs
beschränken.

Ein gewisser innerer Wert soll der čechischen Sprache,
seitdem dieselbe eine dem Nationalbewusstsein parallele Entwicklung genommen hat, nicht bestritten werden. Das Moment
des Wohlklanges geht derselben allerdings in empfindlicher Weise
ab. Ihre Verbreitung ist auf ungefähr fünf Millionen Connationale
beschränkt. Von den Deutschen wird sie freiwillig nur erlernt,
insoweit sich der Vortheil ihrer Kenntnis in geschäftlicher oder
socialer Beziehung aus dem Nebeneinanderleben beider Stämme
in Böhmen ergibt. Den Angehörigen fremder Nationen kann
sie nur in den seltensten Fällen, und auch da nur im Interesse
der Sprachforschung und des Polyglottismus als erstrebenswertes
Ziel des Studiums gelten. Der Schatz von Literatur und Poesie,
den das čechische Volk in seiner Sprache besitzt, bildet für
dasselbe ein ehrenvolles Zeugnis seiner geistigen Entwicklung;
diese reicht aber noch nicht lange zurück, und demgemäß ist
jener noch auf einen bescheidenen Umfang von wissenschaftlichen, poetischen und belletristischen Erzeugnissen begrenzt.
Dass čechische Wissenschaft und Kunst aus der sie umringenden
und sie durchsetzenden deutschen Cultur geschöpft, dass die
čechische Sprache als Vermittlerin des geistigen Lebens der
Nation sich unter der Berührung mit der deutschen entwickelt
hat, wird nur chauvinistische Blindheit in Abrede stellen. Der
äußere Wert der čechischen Sprache wird durch den Um-
stand charakterisiert, dass sie außerhalb der von Čechen be-

wohnten Landestheile für den Verkehr so gut wie keine Bedeutung hat.

Wie steht es nun mit dem relativen Gebrauchswerte des
Čechischen für besondere Aufgaben des sprachlichen Endzweckes
der Verständigung? Die Utopie des böhmischen Staatsrechtes
scheint demselben auf Grund numerischen Übergewichtes die
Eignung zur böhmischen Staatssprache zu verleihen. Aber insolange Böhmen noch ein integrierender Bestandtheil der österreichischen Monarchie ist, sollte da wohl die čechische Sprache
dem gesammtstaatlichen Bedürfnisse, wie dem internationalen
Verkehr in hervorragender Weise entsprechen und sich zur
österreichischen Staats- oder Vermittlungssprache ebenso gut
oder besser eignen, als eine andere?

Bei der Schilderung der Bedeutung des Deutschen brauchen
wir nicht lange zu verweilen. Einer Sprache, in welcher auf
wissenschaftlichem und schöngeistigem Gebiete so Außerordent-
liches geleistet wurde und wird, deren Entwicklung Jahrhunderte
zurückreicht und heute ihren Höhepunkt erlangt hat, einer
Sprache, welche das Gemeingut einer so großen und geeinigten
Nation und ihrer hervorragenden Führer geworden ist, und
welche im Weltverkehre heute kaum von einer anderen mehr
überflügelt wird, — einer solchen Sprache kann Mit- und Nachwelt das Zeugnis ihres Wertes nicht versagen. Dass sie in jeder
Beziehung in Ansehung des Naturzweckes der Verständigung
weit höher im Werte steht, als irgend ein slavisches Idiom, das
Russische mit inbegriffen, ist einfach die Folge natürlicher Verhältnisse und steht mit der Wahrheit keineswegs im Widerspruche,
dass der relative Affectionswert, welchen die Sprache als Nationalgut für jeden Connationalen besitzt und besitzen muss, bei jeder
ein gleicher ist und daher auch dem Čechen das gleiche Maß
von Liebe zu seiner Muttersprache gestattet.

Aber das Gefühl darf nicht die einzige Triebfeder des
Handelns sein, wo sich in der Vernunft ein Regulativ zur
Unterordnung des subjectiven Rechtsanspruches unter die Pflicht
der Wahrung von Interessen höherer Ordnung darbietet.

Ein solches Interesse höherer Art erblicken wir in der
Nothwendigkeit, den österreichischen Staat einheitlich zu regieren.
Das schließt bis zu einem gewissen Grade die Selbständigkeit
der einzelnen Glieder nicht aus. Aber ein bloßes Nebeneinander
von Theilen ohne das einigende Band einer gemeinschaftlichen
Sprache ist die Auflösung. Indem die Verwaltung wie jede

äußere Einwirkung von Mensch zu Mensch des Verständigungsmittels der Sprache bedarf, kann dieses Mittel zur Erreichung
seines Zweckes kein vielfaches und für viele unverständliches
sein. Das unabweisliche Bedürfnis führt in unzähligen Beziehungen
der Menschen unter einander und gegenüber den Repräsentanten
der Staatsgewalt zur Einheitssprache.

Es ist erstaunlich, wie nationale Verblendung das, was für
die eine Function der Staatsgewalt, ihre Sorge um die Wehrkraft, als nothwendig festgehalten wird, innerhalb der anderen
Bethätigungen des staatlichen Lebens für entbehrlich, ja sogar
für schädlich zu halten vermag. An der einheitlichen Armee-
als Commandosprache zu rütteln, sind zwar von destructiven
Elementen auch schon frevelhafte Versuche gemacht worden;
die große Mehrzahl derer, welche die Sprachenfrage aufgerollt
haben, beugt sich aber heute im Princip noch vor der Einsicht,
dass in der Stunde der Gefahr, wo alle Nationen des gemeinsamen Vaterlandes hoffnungsvoll zu ihrer Armee aufblicken,
Sprachenverwirrung jede einheitliche Führung illusorisch machen
und eine Katastrophe herbeiführen müsste. Wir sagen mit Ab-
sicht „im Princip", denn die praktischen Wirkungen ihrer
national-politischen Thätigkeit führen mit unerbittlicher Consequenz zu jenem unseligen Zustande, wo auch die Armeesprache
ein leerer Buchstabe geworden sein wird. Bei den friedlichen
Aufgaben jedoch, welche der Staat auf dem Gebiete der politischen Verwaltung und des Gerichtswesens zu erfüllen hat, wo
gewiss nicht minder einheitliche Leitung und wechselseitige Verständigung vonnöthen ist, glaubt man das Ziel mit sprachlicher
Vieltheilung erreichen und dabei dem Chaos entgehen zu können.
Liegt hierin ein auffallender Mangel an logischer Schlussfolgerung,
so ist ersichtlich, bis zu welchem Grade die politische Logik
der Massen von einer energischen Bethätigung der Autorität
beeinflusst werden kann. Die Energie, mit welcher der gesammtstaatliche Standpunkt im Hinblick auf die Wehrkraft der Monarchie von den höchstbetheiligten Kreisen heute noch vertreten
wird, hat in der Armeesprache dem Staate das erhalten, was
Schwäche und Principienlosigkeit der Regierungen in allen
außermilitärischen Beziehungen des Staates und seiner Glieder
dem Sprachenstreite zum Opfer fallen ließen.

Das in allen mehrsprachigen Culturstaaten aus dem Bedürfnisse der Verwaltung und des gegenseitigen Verkehres der
Staatsangehörigen entstandene Wort „Staatssprache" hat dem

slavischen Nationalgefühl in Österreich gegenüber die Wirkung eines rothen Tuches erlangt, welches man sorglich verbergen muss. Man wendet ein, dass der Staat an sich nicht Träger einer Sprache sein könne: das hat dieselbe Bedeutung, als wenn man sagen wollte, der Staat als solcher brauche keine Gesetze. Dass der abgekürzte Sprachgebrauch den Staatsbegriff an die Stelle der Staatsangehörigen als der eigentlichen Subjecte von Rechten und Pflichten und der Träger des Begriffes der Einheitssprache im gegenseitigen und im Pflichtverkehre mit der Behörde setzt, genügt den Vertheidigern des Nationalitätenprincipes, die Nothwendigkeit eines officiellen Verständigungsmittels an sich zu leugnen. Man schont also die nationale Empfindlichkeit durch die Wahl einer anderen Bezeichnung und spricht von einer „Einheits-, Amts- oder Vermittlungssprache". Im Wesen kommt alles auf eins heraus, und so findet denn auch die heute actuell gewordene Forderung nach einer „Vermittlungssprache" bei den Slaven keinerlei Zustimmung. Die offenen und versteckten Anhänger centrifugaler Tendenzen, welche in ihrem Inneren die Naturnothwendigkeit eines gemeinsamen Verständigungsmittels wohl zugeben müssen, glauben ihre nationale Empfindlichkeit mit dem sophistischen Einwande bemänteln zu sollen, dass die Vermittlungs- oder Staatssprache in Österreich zwar nicht gesetzlich, aber doch thatsächlich bestehe, dass die Völker stillschweigend dem Deutschen diesen Vorrang eingeräumt haben, und dass es daher weder nothwendig sei, den thatsächlichen Bestand legislatorisch zu fixieren, noch staatsklug, durch offene, gesetzliche Anerkennung dieses Vorrechtes dem nationalen Zündstoffe neue Nahrung zuzuführen.

Dass dies kein begründeter Einwand, sondern nur eine Ausflucht sei, muss jedem Unbefangenen klar werden. Glücklich der Staat, der keiner Codificierung des nach dem sittlichen Rechte Geltenden und des nach dem Staatszwecke Nothwendigen bedarf. Glücklich die Bürger, welche in weiser Selbstbeschränkung die Rechte der Nationalität den Aufgaben des Staates willig unterordnen. Österreichs Völker haben diese Stufe wahrer Civilisation noch lange nicht erreicht. Die stillschweigende Anerkennung der deutschen Staatssprache war die Frucht der politischen Einsicht früherer Jahre. Aber die erbitterten Kämpfe, welche jene seither unter einander um ihre Nationalität und ihre Sprache führen, haben ihnen das gemeinsame Ziel verdunkelt, das Selbstverständliche hat unter dem Banne der Leidenschaft seine

Geltung für sie verloren, und weil unter ihren sprachlichen Utopieen das Gemeinsame sich aufzulösen droht, muss die öffentliche Autorität im Namen der gesunden Vernunft rettend dazwischen treten und für alle verbindlich proclamieren, dass Österreich, soll es nicht zugrunde gehen, einer gesetzlich anerkannten Einheitssprache bedarf.

Wir betrachten es principiell als vollständig irrelevant, welcher Sprache das Vorrecht eingeräumt werde, den officiellen Verkehr in Österreich zu vermitteln, vorausgesetzt, dass sie die innere und äußere Eignung hiezu besitze. Das heißt für Österreich: sie muss eine Cultursprache ersten Ranges sein. Die Großmachtstellung der Monarchie, mit so schweren Opfern aufrechterhalten, schließt von selbst die Wahl eines Idioms von localer Bedeutung und geringer Verbreitung aus. Nun wäre es gewiss thöricht, eine Weltsprache zu wählen, welche den Nationalitäten Österreichs nicht schon durch die thatsächlichen Verhältnisse zugänglich gemacht wird. Es gibt Länder in Österreich, wo kein einziges slavisches Idiom, es gibt nur vereinzelte Landstriche, wo italienisch gesprochen wird, aber es gibt kaum das kleinste Dorf, in welchem die deutsche Sprache gänzlich unbekannt wäre. Sie ist überdies die Sprache der relativen Majorität der Gesammtbevölkerung, da es nicht angeht, zum Zwecke des Vergleiches die Summe der verschiedenen slavischen Sprachgenossen in eins zusammenzufassen und den Deutschen gegenüber zu stellen.

Wenn seit dem Zurücktreten des Lateinischen aus dem Verkehre der Gebildeten und Staatsmänner die Rolle der Vermittlungssprache in Österreich dem Deutschen zugefallen ist, so dankt es diesen Vorzug den natürlichen Verhältnissen, in welchen es zu den anderen Sprachen dieses polyglotten Staates seit jeher stand, und dem auf praktischem Boden erwachsenen Bedürfnisse der Verständigung, welchem es als zweckdienlichstes Mittel sogar im wechselseitigen Verkehre der verschiedenen slavischen Stammangehörigen dient. Sich gegen diese Thatsache aufzulehnen, ist ebenso absurd, als wenn der Alpenbauer im Namen der Gleichberechtigung dagegen Einsprache erheben wollte, dass ihn die Beschwerde des Bergsteigens in höherem Grade treffe, als den Bewohnern der Časlauer Ebene. Nicht nationale Präponderanz hat das Übergewicht der deutschen Sprache in Österreich geschaffen, welches anzutasten dem heutigen doctrinären Nationalismus vorbehalten blieb, sondern dasselbe ist ein Ergebnis der

natürlichen Entwicklung. An Stelle der sittlichen Zweckbestimmung der Sprache, welche für jeden Belang das ent-
sprechendste Sprachmittel zu wählen gebietet, hat die durch die
Lehren der Gegenwart geweckte nationale Überempfindlichkeit
und Begehrlichkeit dem Momente des nationalen Wertes der
Muttersprache eine absolute Geltung beigelegt, dasselbe zum
Object der Agitation gemacht und jede scheinbare Zurücksetzung
der eigenen Sprache zu einem Angriff auf die Ehre der Nation
gestempelt.

Dass sich bei dem rechtlichen oder auch nur factischen
Bestande der deutschen Vermittlungssprache in Österreich der
Deutsche den anderen Nationalitäten gegenüber sprachlich im
Vortheile befinde, soll nicht in Abrede gestellt werden. Er besitzt schon in seiner Muttersprache jenes intellectuelle Gut,
welches die anderen nach Maßgabe des Bedürfnisses erst zu
erwerben genöthigt sind. Diese in der Natur der Dinge liegende
günstigere Lage entbindet ihn nicht der sittlichen Verpflichtung,
mit Rücksicht auf die Billigkeit und das Bedürfnis in gemischt-
sprachigen Gebieten sich auch mit der zweiten Landessprache
vertraut zu machen. Dass unberechtigter nationaler Dünkel ihn
hievon nicht abhalte, wird von der politischen und moralischen
Reife seines Urtheils ebenso Zeugnis ablegen, wie die Anerkennung
der gesammtstaatlichen Function der deutschen Sprache von
jener des Čechen oder Polen.

Die Statuierung einer officiellen Vermittlungssprache schließt
selbstverständlich den Gebrauch der anderen Landessprachen in
den zahlreichen Beziehungen der Staatsangehörigen untereinander
und mit den staatlichen wie autonomen Behörden nicht aus.
Festzuhalten wäre an der einheitlichen Sprache in allen die
Heeresverwaltung und militärische Befehlgebung betreffenden
Angelegenheiten. Hiebei könnte im außerdienstlichen und selbst
einem Theile des dienstlichen Verkehres mit der Mannschaft
den Regimentssprachen soviel Spielraum gelassen werden, als
die Gefahr der successiven Verdrängung der Armeesprache
räthlich erscheinen lässt. Die deutsche Einheitssprache müsste
ferner bei allen staatlichen Centralstellen der Verwaltung wie
des Gerichtswesens ausschließliche Geltung haben. Sie sollte
unbedingt auch die Sprache sämmtlicher staatlichen Behörden
im inneren dienstlichen Verkehr untereinander und mit den
Centralbehörden bleiben, da nur so die Einheitlichkeit des
Dienstes und der für die Besorgung der staatlichen Agenden

unentbehrliche Nachwuchs an deutsch sprechenden Beamten verbürgt erscheint. Deutsch müsste die Sprache des österreichischen Parlamentes sein und allein die Eignung besitzen, in den stenographischen Protokollen über die Verhandlungen Aufnahme zu finden; doch brauchte diese Einsprachigkeit sich nicht auf die autonomen Vertretungskörper der Kronländer zu erstrecken. In allen übrigen Beziehungen der staatlichen Organe zu der Bevölkerung, der autonomen Behörden zu derselben, untereinander und zu den ersteren hätte je nach Lage des Falles entweder die Vermittlungssprache oder ·die betreffende nichtdeutsche Landessprache zu dienen, nirgends dürfte die erstere jedoch ihrer facultativen Geltung beraubt werden.

Hier ist die gesetzliche Aufstellung des Kriteriums der Ein- oder Zweisprachigkeit für die einzelnen politischen und Gerichtsbezirke wie für die Städte mit eigenem Statut erforderlich. Ausschlaggebend muss hiebei das Moment der Verkehrssprache und des percentuellen Antheiles sein, den eine zweite Sprache unter der Gesammtzahl der Bevölkerung einnimmt. Derjenige Procentsatz der anderssprachigen Bevölkerung, welcher einen Bezirk schon zu einem sprachlich gemischten stempelt, wird am besten auf dem Wege gegenseitiger nationaler Übereinkunft statuiert, da die beiderseitigen Interessen hiebei die gleichen sind. Eine Einwohnerschaft, welche diesen Procentsatz nicht erreicht, kann die Einsprachigkeit des Bezirkes nicht in Frage stellen. Eine Ausnahme von diesem Grundsatze wäre für Prag festzuhalten, wo ohne Rücksicht auf die Ziffern die unbedingte Zweisprachigkeit durch den Charakter als Hauptstadt eines von zwei Nationalitäten bewohnten Kronlandes und die relativ hervorragende Stellung der deutschen Minorität in derselben gerechtfertigt erscheint. In Böhmen, wo die Sprachenfrage am acutesten geworden ist, gäbe es somit außer zweisprachigen Bezirken mit deutscher und čechischer, noch solche mit nur deutscher und andere mit čechischer, jedoch durch die facultative deutsche Vermittlungssprache ergänzter Amtsführung im Parteienverkehre. Dort wäre durch Anstellung zweisprachiger, hier durch einzelne der anderen Landessprache mächtige Beamte für das Bedürfnis der Bevölkerung zu sorgen.

Über die Grundzüge einer derartigen sprachlichen Abgrenzung und einer Regelung des officiellen Sprachenrechtes ist von den berufenen Vertretern schon viel berathen worden; der Erfolg wurde bisher aber durch die beiderseits herrschende nationale Unersättlichkeit und den Widerstand, welcher von autonomer Seite der Anerkennung einer alle Theile vereinigenden Vermittlungs- oder Staatssprache entgegengesetzt wird, vereitelt.

Die endgiltige Erledigung der Sprachenfrage und die Zuwägung des Antheiles, den die einzelnen Landessprachen am öffentlichen Verkehre zu nehmen haben, muss Sache der autoritativen Festlegung sein. Nachdem hiedurch Rechte auf den Sprachgebrauch begründet werden, welchen correlate Rechtspflichten gegenüberstehen, neigen wir der Ansicht zu, dass die Aufstellung bindender Normen über das wechselseitige Verhältnis der landesüblichen Sprachen das Gebiet der Gesetzgebung berühre und nicht in die Competenz des behördlichen Verordnungsrechtes falle. Da es sich hiebei zudem um die Ausführung einheitlicher Grundsätze über den sprachlichen Verkehr aller Nationalitäten des Gesammtstaates mit den Organen der Behörde handelt, darf die Regelung des Sprachenrechtes nicht länderweise verschiedenartig erfolgen, sondern sie gehört zu den einigenden Aufgaben der Reichsgesetzgebung.

Sprachengesetze und Sprachenverordnungen werden aber in Österreich niemals einen Zustand der Gerechtigkeit und des Friedens herbeizuführen imstande sein, so lange sie, die in der sittlichen Ordnung gelegenen Grundlagen verlassend, das Moment des nationalen Affectes in den Vordergrund treten lassen und der nationalen Begehrlichkeit einer oder der anderen Seite ihren Tribut zollen. Bei der Regelung des officiellen Sprachenverkehres dürfen weder nationaler Dünkel, noch das linguistische Interesse der Ausbildung und Anpassung einer Sprache an alle Functionen des modernen öffentlichen Lebens irgend eine entscheidende Rolle spielen. Einzig und allein das Bedürfnis muss sprechen. Und zwar darf es nicht etwa ein erst künstlich auf nationaler Basis zu construierendes, theoretisches Bedürfnis, sondern es muss das vorhandene, aus der historischen Gestaltung des Landes erwachsene, praktische Bedürfnis der Verständigung und des Verkehres in einem polyglotten Staate sein, ein Bedürfnis, welches durch die in der Staatsidee liegenden gemeinsamen Ziele seine Richtung erhält.

Mögen daher alle von österreichischen Regierungen bisher erlassenen Sprachenverordnungen vom ehrlichen Streben geleitet gewesen sein, eine gerechte Vertheilung der sprachlichen Vortheile und Lasten herbeizuführen, so waren sie doch sämmtlich von einem oder dem anderen Punkte aus anfechtbar, weil theo-

retischen Aufstellungen der Vorzug vor dem Blick ins praktische
Leben eingeräumt ward, und sie mussten infolgedessen in vielfachen Beziehungen gegen die Gerechtigkeit verstoßen. Erregten
sie bei den Anhängern der einen Nationalität den heftigsten
Widerspruch, so vermochten sie die Führer der anderen auch
nicht zu befriedigen, weil diesen in der theoretischen Zuerkennung
von sprachlichen Rechten noch nicht Genüge gethan zu sein
schien. Die berüchtigten Badeni'schen Sprachenverordnungen
vom 5. April 1897 konnten, mit der Objectivität des Schreib-
tischpolitikers betrachtet, das Bestreben, gerecht sein zu wollen,
für sich in Anspruch nehmen. Anders freilich musste das Bild
sich darstellen, wenn man z. B. die Jahrzehnte lang belobte Amtsführung und damit die Existenz eines der deutschen Nationalität
angehörigen politischen Beamten, der in seiner Jugend der
čechischen Sprache mächtig, dieselbe infolge des absoluten
Mangels an Gelegenheit, sie in seinem Amtssprengel anzuwenden,
vollkommen vergessen hatte, und sich durch die neuen Verordnungen nun vor die unmögliche Aufgabe gestellt sah, sie neuer-
dings gründlich zu erlernen und dauernd zu beherrschen, durch
diesen so verfehlten Act ausgleichender Gerechtigkeit aufs em-
pfindlichste bedroht sah.

Die rückhaltslose Anerkennung des thatsächlichen Bedürfnisses der Verständigung wird ein theoretisches Grübeln über
die Auslegung und Anwendung des Staatsgrundgesetzes entbehrlich machen — eines Gesetzes, welches lange vor dem Überwuchern des Sprachenrechtes durch die nationale Idee bloß die
einfachen Grundsätze ausgleichender Gerechtigkeit gegenüber
den Nationalitäten zur Geltung bringen wollte und daher weit
davon entfernt ist, gegenüber den nationalen Velleitäten den
heute nothwendig gewordenen präcisen Ausdruck hervorzukehren.
Der Standpunkt des Bedürfnisses wird die Stimmen aller ruhig
Denkenden gegen das Feldgeschrei nationaler Schwärmer vereinigen. Das Volk in seiner großen Masse ist viel zu praktisch,
als dass es diesem Standpunkte nicht willig Rechnung tragen
möchte. Es wird sich beeilen, einer Regelung der leidigen
Sprachenfrage, welche dieselbe auf ihre natürliche Basis zurück-
führt, die Sanction der öffentlichen Meinung zu verleihen, und
nicht säumen, die nationalen Agitatoren zu desavouieren, sobald es
ihrer bedauerlichen Thätigkeit das segensreiche Werk des Friedens
und der politischen Consolidierung gegenüber gestellt sieht. Dazu
ist aber das Verlassen des doctrinären Standpunktes nothwendig.

Der Zusammenhang der nationalen Idee mit der Sprachenfrage setzt der Lösung der letzteren eine besondere Schwierig-
keit dort entgegen, wo sie einer staatsrechtlichen Fiction an-
gepasst und unterordnet werden soll. Wenn Böhmen und seine
Nebenländer der Hauptherd der nationalen und sprachlichen
Agitation sind, und die Gegensätze hier fast unüberbrückbar
scheinen, so liegt es daran, dass dem gekennzeichneten Momente
des sprachlichen Bedürfnisses außer dem allgemeinen nationalen
Titel noch der besondere Titel des böhmischen Staatsrechtes
entgegengestellt wird. Die Fiction des böhmischen Einheits- und
Nationalstaates mit seiner Untheilbarkeit und dem uneinge-
schränkten Rechte jedes Angehörigen der čechischen Nation,
sich an jedem Punkte des Königreiches heimatsberechtigt zu
fühlen, den Deutschen als Eindringling zu betrachten und sich
selbst in rein deutschen Gebieten im öffentlichen wie privaten
Verkehre seiner Sprache zu bedienen, erschwert die Einschränkung
der čechischen Sprache auf den ihr naturgemäß mit Rücksicht
auf den Sprachenzweck wie die Lebensbedingungen eines polyglotten Staates zukommenden Umfang. Der Eitelkeit der Massen
wird mit dem wiedererstandenen Glanze der St. Wenzelskrone
geschmeichelt, in der Revindicationstheorie werden die niedrigsten
Leidenschaften geweckt, und ein Vorgehen, welches sich als
Raub und Unterdrückung darstellt, wird mit dem falschen
Scheine zurückeroberter Rechte geschmückt. Wie der Deutsche
als nicht berechtigter Eindringling auf böhmischer Erde gehasst
und soviel als möglich von ihr verdrängt wird, so gilt auch
seine Sprache als fremd und hassenswert. Unter diesen Gesichtspunkten hat die Gleichberechtigung, welche man für sich erzwang,
dem Deutschen gegenüber ihre Berechtigung verloren, und die
Sprachenfrage wird nicht vom Standpunkte der Gerechtigkeit,
auch nicht von dem des Bedürfnisses oder der Staatsnothwendigkeit, sondern einzig nur von dem der čechischen Begehrlichkeit
zu lösen gesucht.

Nicht Gleichberechtigung, nicht Vernunft haben die sprachlichen Zustände der Landeshauptstadt Böhmens geschaffen, sondern sie sind das Werk blinder, von der Idee des böhmischen
Staatsrechtes genährter Leidenschaft. Hier wollen die Begründer
und Vertheidiger der čechischen Einsprachigkeit dieselbe als ein
Kampfmittel gelten lassen, um im Wege der Retorsion für ein
anderwärts erlittenes sprachlich nationales Unrecht die Sühne zu
erlangen. Sie weisen vornehmlich auf Brünn hin, wo ungeachtet

der bedeutenden čechischen Minorität und des Charakters der Stadt als Haupt eines von zwei Nationalitäten bewohnten Landes die deutsche Einsprachigkeit bei der Bezeichnung der Gassen und Plätze von der Gemeindeverwaltung beibehalten wurde.

Abgesehen davon, dass durch derartige Repressivmaßregeln die wirklich Schuldtragenden, also in diesem Falle die Deutschen Brünns, nicht getroffen werden, sondern nur die an der dortigen Gemeindewirtschaft unschuldige und jeden Einflusses auf dieselbe bare deutsche Bevölkerung Prags in Mitleidenschaft geräth, die ideelle Retorsion von Nation zu Nation aber am Mangel eines verantwortlichen Rechtssubjectes leidet, liegen der sittlich rechtlichen Begründung des Verhaltens der Prager Stadtväter zwei falsche Voraussetzungen zugrunde.

Fürs erste ist es sittlich und rechtlich ganz und gar unzulässig, deshalb, weil an einem anderen Orte, von anderen Personen gegen das Recht oder die auf sittlicher Grundlage fußende Billigkeit verstoßen worden ist, dasselbe Unrecht oder dieselbe Unbilligkeit sich selbst zu Schulden kommen zu lassen. Ist das Verhalten der Brünner Gemeindeverwaltung gegen die čechische Bevölkerung im Hinblick auf deren sprachlich nationale Bedürfnisse und den Zweck der Orientierungstafeln zu verurtheilen, so erlangt eine gleiche Demonstration gegenüber den Deutschen Prags noch lange nicht den Charakter einer erlaubten Nothwehr, schon weil sie als solche weder von den Beschädigten ausgeht, noch ihnen unmittelbar hilft, sondern sie ist, als gegen erworbene Rechte und die Billigkeit verstoßend, offenbar nicht minder ein Unrecht und eine Vergewaltigung, die keinen Vertheidiger finden darf. Das Sprichwort: „Böses Beispiel verdirbt gute Sitten" mag im Privatleben zuweilen als Entschuldigung gelten, aber die psychologisch treibende Bedeutung, welche demselben im heutigen politischen Leben der Parteien beigelegt werden möchte, müssen wir ihm aus dem Grunde entschieden verweigern, weil hier die persönliche Leidenschaft von der abgeklärten Einsicht gemeinsamer Führung gemeistert werden soll.

Fürs zweite ist es ein gewaltiger Irrthum, die nationalen Verhältnisse in Brünn mit jenen in der böhmischen Landeshauptstadt auf die gleiche Stufe zu stellen. In Prag besteht eine seit sechs Jahrhunderten erbangesessene Bevölkerung deutscher Nationalität, deren Heimatsrecht durch ihre seinerzeitige Berufung zu culturellen und wissenschaftlichen Zwecken, durch die Zeitdauer ihrer Ansässigkeit und durch die Thatsache, dass

.

trotz der unseligen nationalen Zustände Handel und Gewerbe auch heute noch in weit ausgedehntem Maße sich in deutschen Händen befinden, und die Deutschen Prags in einem ihre relative Bevölkerungszahl weit übersteigenden Verhältnisse an den öffentlichen Staats- und Gemeindeabgaben participieren, mehr als hinreichend begründet und gefestigt erscheint. Das sprachliche Recht der Deutschen in Prag hat unzweifelhaft immer bestanden und besteht noch trotz dessen gewaltsamer Unterdrückung. Etwas ganz anderes ist es um die čechische Minorität der Landeshauptstadt Mährens, deren sprachliche Gleichberechtigung daselbst auf Grund neu eingetretener Verhältnisse erst zu constatieren und zur Geltung zu bringen war. Für die Beurtheilung dieser Frage hätten allerdings lediglich das Bedürfnis und die billige Einsicht maßgebend sein sollen; dass einseitig nationale Erwägungen hervorgekehrt, und dass diese vielleicht ausschlaggebend gemacht wurden, ist bedauerlich, aber in der gegenseitigen nationalen Agitation und der Sorge um den Schutz des eigenen Sprachgebietes vor fremder Invasion begründet. Die in Brünn lebenden und gegenwärtig eine bedeutende Minorität repräsentierenden Čechen, welche vergeblich das sprachlich gleiche Recht in der Gemeinde suchen, haben nicht wie die Prager Deutschen die Ansässigkeit von alters her für sich, sondern sie umfassen zum größten Theile eine mit dem Emporblühen der in deutschen Händen befindlichen Brünner Industrie des besseren Erwerbes halber herbeigeströmte Arbeiterbevölkerung, deren Antheil an den communalen Lasten, am Wohlstande und der Intelligenz naturgemäß gering zu veranschlagen ist. Der gegnerische Standpunkt kann dieser Bevölkerung gegenüber mit einer gewissen Berechtigung das Argument der freiwilligen Einwanderung gebrauchen, welche den eigenen nationalen Besitzstand nicht schwächen dürfe, aber auch nicht mit dem geringsten Scheine von Recht kann das Prager Rathhaus die moralische Vertilgung des deutschen Elementes decretieren *).

Bei der Gleichstellung der communalen Verhältnisse der Landeshauptstädte Böhmens und Mährens spielt eben das staats-

---

*) In Brünn ist die Zweisprachigkeit der Bezeichnungen für Gassen und Plätze niemals eingeführt gewesen. In Prag dagegen war der Gang der Ereignisse der, dass die anfänglich nur deutschen Straßentafeln erst ganz richtig deutsch-čechischen, dann unter der Herrschaft des nationalen Gedankens čechisch-deutschen und schließlich als weitere Etappe am Wege zum Staatsrechte rein čechischen Bezeichnungen weichen mussten.

rechtliche Moment eine wichtige Rolle. Die Zugehörigkeit zur
untheilbaren Krone Böhmens soll den in Mähren lebenden
Čechen a priori das unbedingte Recht auf den öffentlichen
Gebrauch ihrer Sprache gewähren. Wenn in Brünn wenigstens
die Billigkeit der Zweisprachigkeit das Wort redet, so tritt der
rein staatsrechtliche Titel noch weit prägnanter in der čechischer-
seits beliebten Beurtheilung der nationalen Verhältnisse in
Reichenberg und Eger hervor. Ersteres ist eine Industriestadt
von rein deutschem Charakter, wo der Drang nach Lebenserwerb
in der zugeströmten čechischen Fabriksbevölkerung eine durch
Agitation in den Vordergrund geschobene, nicht ganz unbedeu-
tende nationale Minorität geschaffen hat, letzteres ist eine ganz
und gar deutsche Stadt mit einem verschwindenden Procentsatze
čechischer Einwohner. Wenn nun auch in diesen Städten die
absolute Gleichberechtigung und Gleichwertigkeit der čechischen
Sprache im amtlichen Verkehr als Postulat für die Anerkennung
des Deutschen in Prag aufgestellt wird, so geschieht es keineswegs im Namen der billigen Erwägung und des Bedürfnisses,
sondern einzig nur der Anschauung zufolge, dass der Čeche auf
jedem Fußbreit böhmischer Erde, also auch der čechische Dach-
decker in Eger, auf Grund des Staatsrechtes sein volles, unver-
kürztes sprachliches Recht zu fordern befugt sei.

Dass der Čeche in Deutschböhmen in allen Angelegenheiten,
wo er mit den staatlichen wie autonomen Behörden in Berührung
tritt, zu seinem materiellen Rechte gelange, dafür auf admini-
strativem Wege zu sorgen, ist Pflicht der Behörden. Aber an
Orten, wo durch das Procentverhältnis der nicht deutschen Bevölkerung die Zweisprachigkeit nicht gerechtfertigt erscheint und
die Umgangssprache lediglich die deutsche ist, kann der Rechts-
schutz für sie auf keinem anderen Wege erfolgen, als es nach
den allgemeinen Grundsätzen der Billigkeit und des Bedürfnisses
geschieht, also durch Dolmetsche oder durch Bestellung einzelner
der zweiten Landessprache kundiger Beamten. Der Čeche in
Reichenberg oder Eger kann vernünftigerweise keine andere
sprachliche Behandlung für sich in Anspruch nehmen, als sie
ihm in Linz oder Innsbruck oder selbst in Wien zutheil wird,
wo das Procentverhältnis der čechischen Bevölkerung jenes in
Eger bei weitem übersteigt. Man sieht, wie das Festhalten am
böhmischen Staatsrechte nicht allein die Einheit der Monarchie
in Frage stellt, sondern auch dem Sprachenstreite durch seine
unhaltbaren Theorieen immer neue Nahrung zuführt und die An-

bahnung eines auf den wirklichen Interessen der Bevölkerung gegründeten sprachlichen Friedenszustandes wesentlich erschwert.

Das praktische Bedürfnis sollte auch für die staatlichen Behörden im Zweifel stets die Richtschnur zur Interpretation von Verordnungen und Gesetzen sein, welche auf sprachlichem Gebiete niemals den jedes concrete Verhältnis erschöpfenden Ausdruck finden können. Nichts wirkt demoralisierender auf das Rechtsbewusstsein eines Volkes, als die Inconsequenz der oberstbehördlichen Entscheidungen. Was in Prag rechtens sein soll, ist es nicht in Laibach oder Brünn. Hier die čechische Einsprachigkeit der Straßentafeln, und unter gleichen, wenn nicht für den slavischen Standpunkt günstigeren Verhältnissen dort das verwaltungsbehördliche Verbot derselben in Laibach. Hier ausschließlich čechische Aufschriften und Warnungstafeln bei einer öffentlichen Verkehrsanstalt und Ignorierung des guten Rechtes der Deutschen, dort Stattgebung des Verlangens der Čechen in Brünn, die Straßenbahn zweisprachig zu gestalten. Das ist kein Messen nach gleichem Maß; auf diesem Wege wird die Erbitterung geschürt und ein Zustand herbeigeführt, wo jeder zur nationalen Selbsthilfe greift und sie als Nothwehr rechtfertigen zu können vermeint. Noch empfindlicher müssen widersprechende Erkenntnisse der richterlichen Behörden wirken und das Gefühl einer auf juristischen Spitzfindigkeiten basierten Rechtsunsicherheit erzeugen. Der Anspruch auf čechische Processführung in einem deutschen Gerichtssprengel Böhmens wird auf Grund der bestehenden Gesetze und Verordnungen von der obersten Instanz heute zurückgewiesen und innerhalb eines Jahres bei der gleichen Rechtslage von eben derselben Instanz zugestanden.

Wenn die Achtung vor der Autorität der zur Wahrnehmung der höchsten staatlichen Interessen und zum Rechtsschutze für die Bevölkerung verpflichteten Behörden heute in bedenklicher Weise untergraben erscheint, so ist es nicht zum geringsten die Folge, weil man sich dort mit scharfsinnigen Interpretationen unzulänglicher Paragraphe befasst, statt dem praktischen Bedürfnisse unter dem einfachen Titel des gesunden Menschenverstandes auf dem Boden der Administration Geltung zu verschaffen.

5. Der österreichische Adel und der Conservatismus.

Wenn unter dem Einflusse moderner Ideen der Nationali-
täten- und Sprachenstreit in Österreich immer mehr an Aus-
dehnung und Schärfe gewinnt und nicht allein das gesammte
öffentliche Leben untergräbt, sondern sogar auch die privaten
Beziehungen der Staatsangehörigen zu vergiften droht, wenn die
Rückwirkungen des unseligen Haders sich im wirtschaftlichen
Niedergange äußern, weil die productiven Kräfte des Staates
sich in nationalen Reibungen erschöpfen, wenn blinde Parteipolitik heute sogar schon das Bewusstsein der Staatsnothwendigkeit
vernichtet und die Maschine des Verfassungslebens zum Stillstande gebracht hat, so ruft das Vaterland alle besonnenen
Elemente, alle, welche ihren Blick über enge Parteischranken
auf das Große hinaus zu richten vermögen, zur Schlichtung der
bestehenden Missverständnisse und zur Vermittlung der Gegensätze auf.

Welchem Factor könnte vermöge seiner natürlichen Stellung
über den nationalen Parteien, seiner Vergangenheit als Stütze
des Thrones und der mit seinem Bestande untrennbar verknüpften
conservativen Ziele die Vermittlerrolle wohl eher zufallen, als
dem österreichischen Adel? Im Erkennen seiner wahren, staats-
erhaltenden Aufgaben, nicht im starren Festhalten an längst
überlebten Prärogativen, liegt für ihn die Gewähr seines weiteren
Bestandes. Steigt er aber, seit einem halben Jahrhunderte seiner
politischen Vorrechte beraubt, in den Kampf der Parteien herab,
wird er selbst Partei und setzt er für dieselbe den Klang seines
Namens ein, so wird dieser unbeachtet unter der Schar von
Schreiern verhallen. Dem Adel zunächst muss heute angesichts
des particularistischen Nationalitätenprincipes eine höhere Aufgabe
in der Kräftigung des gemeinsamen Ganzen und in der Erhaltung
der Dynastie vorschweben. Nicht nationale Politik zu treiben
ist sein Beruf. Dass der österreichische, dass insbesondere der
böhmische Adel, im Lichte seiner Vergangenheit und Familien-
geschichte betrachtet, thatsächlich nicht national ist, haben wir
im Vorhergehenden zu zeigen uns bemüht. Dass aber eine
nationale Haltung geradezu seinen Traditionen widerspricht,
welche den Adel sich um die österreichische Hausmacht scharen
hießen, dass er nicht national sein darf, wenn er nicht jede
Existenzberechtigung als Repräsentant des conservativen Princips
und Hüter dynastischer Interessen verlieren soll — die Ver-

kennung dieser Wahrheit beraubt ihn zum großen Theile jenes Einflusses, welchen er trotz veränderter Zeitläufe heute noch auf das politische und wirtschaftliche Leben ausüben könnte.

Der historische Adel, in der Vergangenheit fußend und Gegenwart wie Zukunft im Lichte vernünftiger Weiterentwicklung betrachtend, kann nicht anders als conservativ sein. Wenn er den ruhigen Weg seiner Traditionen verlässt und sich den einander jagenden Ideen halbreifer Köpfe preisgibt, welche an die Stelle des naturgemäßen Fortschrittes den Umsturz setzen, so verwischt er die sociale Grenze, innerhalb welcher ihm noch immer eine hervorragende Stellung zukommt, und assimiliert sich mit jenen Elementen, die in Prunk und Großthun ihn überbieten, ihre Adelskrone aber den ephemären Verdiensten des Geldsackes danken. Das Nationalbewusstsein in seinen extremen Äußerungen als Nationalismus ist ein Product modernster Lebensauffassung. Derart einseitige Richtungen des menschlichen Willens sind, weil den gesicherten Bestand des Gewordenen untergrabend und die Ordnung der Dinge auf eine ganz neue Basis stellend, ihrem innersten Wesen nach radical. Das ist kein Boden, auf welchem der historische Adel gedeiht. Für ihn bedeutet Nationalismus nicht minder wie Socialismus und Anarchismus den Ruin; echter Conservatismus hingegen gibt ihm die Gewähr, dass er die Stürme, welche das gemeinsam Ererbte hinwegzufegen drohen, an der Spitze der für Ordnung und Gerechtigkeit streitenden Phalanx ruhmvoll überdauern werde.

Was ist nun aber unter echt conservativer Gesinnung zu verstehen, und welche Bestrebungen werden heute fälschlich mit dem Namen Conservatismus gedeckt? Wir können im politischen Conservatismus nur eine Gesinnung und Thätigkeit erblicken, welche sich auf die Erhaltung und Kräftigung jenes Staatswesens concentriert, dessen Theil man durch die Macht historischer Thatsachen geworden ist. Mag die allgemeine Berechtigung dieses Satzes von solchen staatsrechtlichen Bildungen ausgeschlossen bleiben, welche gewaltsamen Umwälzungen aus einer so jungen Vergangenheit entsprungen sind, dass ihnen die Sanction des Alters noch fehlt, so wird doch kein Angehöriger der österreichischen Monarchie als Motiv für seinen Particularismus im Ernste die Behauptung aufzustellen wagen, dass die Zusammensetzung des heutigen Österreich ein Werk der Gewalt und des Unrechtes sei. Für den Österreicher darf es in politischer Hinsicht nur ein einziges Interesse geben, welches alle nationalen

Sonderinteressen in den Hintergrund drängt — das Wohl seines
gemeinsamen Vaterlandes.

Von solchen Grundsätzen ausgehend, fordert uns die ge-
dankenlos schablonenhafte Unterscheidung des österreichischen
Adels in eine conservativ-feudale und eine liberal-verfassungs-
treue Gruppe zu ernster Kritik heraus. Wir müssen mit aller
Entschiedenheit die Frage aufwerfen, auf welcher Seite sich thatsächlich mehr conservative oder liberale Gesinnung zeigt, wobei
wir letztere im Sinne der Gegner als destructiv, nicht in jenem
naturgemäßen Sinne unaufhaltsamer, ruhiger Fortentwicklung
auffassen wollen, welche mit dem Conservatismus sehr wohl ver-
einbar ist. Hier sehen wir das Streben, den österreichischen
Staat auf der Basis des historisch Gewordenen, der zu Recht
bestehenden Verfassung und der aus ihr hervorgegangenen Gesetze, unter Berücksichtigung der gänzlich veränderten Verhältnisse der Neuzeit und der gegebenen Weltlage, jedoch mit Ver-
meidung des Sprunghaften und Bekämpfung aller das Staats-
interesse gefährdenden, radical nationalistischen oder sonst um-
stürzlerischen Tendenzen, sich ruhig weiter entwickeln und kräftigen zu lassen. Dort müssen wir eine Richtung erkennen, welche
darin gipfelt, ohne Rücksicht auf die lebendigen Forderungen
der Gegenwart und die Continuität der rechtlichen und politischen
Zustände, unter Missachtung der, wenn auch menschlich anfecht-
baren, so doch legal zustande gekommenen und in ihren Grundlagen dem Rechtsbewusstsein der Neuzeit mit Naturnothwendigkeit entsprungenen Institutionen des Verfassungslebens, auf der
Gestaltung der Dinge vor dreihundert Jahren ein aus lockeren
Theilen zusammengefügtes Österreich aufzubauen, oder vielmehr
das eine Österreich in seine Atome aufzulösen, und welche bei
all diesen Bestrebungen das Recht vergilbter Pergamente, die
Ansprüche der Nationalität und der Sprache gegenüber dem
einen, nothwendigen österreichischen Staatsrechte propagiert. Das
Prädicat „conservativ" konnte mit einer gewissen Berechtigung
nur unter den Geburtswehen der Verfassung in Österreich von
derjenigen Partei angenommen werden, welche in der Erhaltung
der bisherigen Einrichtungen ihre Aufgabe erblickte. Heute, wo
im Leben der Culturnationen constitutionelle Zustände sich zu
einer unabweislichen Forderung ausgebildet haben, sind die Rollen
vertauscht.

Schlagworte wirken verführerisch; aber sie können nur so-
lange Geltung beanspruchen, als die Voraussetzungen, denen sie

ihre Entstehung verdanken, den Thatsachen entsprechen. So hat es sich zum Prärogativ der conservativen Kreise des österreichischen Adels herausgebildet, ihre politischen Gesinnungen mit der Autorität der katholischen Kirche gedeckt zu sehen, den liberalen Gegner hingegen als kirchenfeindlich zu betrachten. Als ob die Kirche in ihrer Gesammtheit überhaupt in die Arena der politischen Leidenschaft hinabzusteigen den Beruf und die Berechtigung hätte! Als ob die Theilnahme an diesem Kampfe seitens ihrer Glieder, soweit sie nicht bloß die Vermittlung zum Zwecke hat, nicht entschieden verurtheilt werden müsste! Weil zufällig etliche Vertreter des föderalistischen Gedankens überzeugungstreue Katholiken und durchaus integre Charaktere gewesen sind, dürfen darum selbst die Anhänger des starrsten Centralismus als außerhalb der Kirche stehend betrachtet werden? Ist etwa die von den Conservativen gegenwärtig geförderte Idee der schrankenlosen Entwicklung der Nationalität und der Ausbreitung der Sprache als Nationalgut über ihr natürliches Geltungsgebiet hinaus mit den kirchlichen Lehren von der Zweckbestimmung und der weltlichen Autorität besser in Einklang zu bringen, als die liberale Sorge um die Einigung und Kräftigung des Staates und die Hochhaltung seiner Gesetze? Oder weil unter der Herrschaft der liberalen Partei gewisse Gesetze zustande gekommen sind, denen die Kirche in ihrem Bereiche die Sanction versagen zu müssen glaubte, ist das ein Grund, die Religion als Bundesgenossin für Bestrebungen aufzurufen, welche dem durchaus unchristlichen Nationalitätenprincipe schmeicheln? Die Berufung auf die Bundesgenossenschaft der Kirche im Dienste der politischen Parteitaktik ist ein perfides Kampfmittel, weil sie beispielsweise den Vertreter einer Ordnung der Sprachenfrage nach dem „liberalen" Grundsatze der Staatsnothwendigkeit schon dem Verdachte der unkirchlichen Gesinnung preisgibt. Diese Sachlage macht dem hohen Clerus, insofern er den Beruf in sich hat und fühlt, auf dem Boden christlicher Nächstenliebe und Gerechtigkeit eine Versöhnung der Gegensätze anzubahnen, die Theilnahme an den politischen Tagesfragen, wenn nicht unmöglich, so zu einem Opfer der Selbstverleugnung und treibt andererseits das weniger urtheilsfähige Gros der katholischen Geistlichkeit zum großen Schaden der Kirche in jenes politisch nationale Lager, welchem heute noch die Sonne „conservativer" Patronanz lacht.

Es ist in der That unendlich zu bedauern, dass zahlreiche hochangesehene, einflussreiche und ehrenwerte Männer sich durch das Epitheton „katholisch" oder „conservativ" so leicht zur Gefolgschaft verleiten lassen, ohne zu untersuchen, ob dasselbe sich mit dem wahren Inhalte des Kundgegebenen und Erstrebten deckt, oder nicht vielmehr als Aushängeschild für die Äußerungen einer unmoralischen Verfolgungs- und Verleumdungssucht oder gar für Tendenzen radical nationalistischer Art dient, welche mit conservativer Gesinnung und echtem Christenthum nicht das Mindeste gemein haben. So wird das Ansehen der Kirche und manch hochachtbarer Name im niedrigen Kampfe politischer Leidenschaft missbraucht, und kirchliche Interessen pflegen von unberufenen Händen mit einer wahren Gier in den Vordergrund geschoben zu werden, wo sich mitunter doch nur sehr menschliche Motive verbergen.

Wenden wir uns nun dem Centrum und Ausgangspunkte des nationalen Haders in Österreich, dem Kronlande Böhmen zu, und betrachten wir, welche Stellung speciell der böhmische Adel in diesem Kampfe einnimmt, so tritt uns auch hier der Gegensatz von „conservativ" und „liberal", von Vertretern des Feudalismus und Anhängern des auf verfassungsmäßiger Grundlage ruhenden centralistischen Staatsgedankens vor Augen.

Da sei uns vor allem die Frage erlaubt: Sind denn, Hand aufs Herz, die durch diese Parteigruppierung gekennzeichneten grundsätzlichen Gegensätze wirklich so tief und einschneidend, so unüberbrückbar, dass eine Vereinigung unter dem Bewusstsein gleicher Standesangehörigkeit unmöglich sein sollte? Handelt es sich nicht vielmehr um ein Spiel mit Worten, um ein gedankenloses Festhalten an vorgefassten Meinungen und ein Prahlen mit Grundsätzen, welche längst nicht mehr strittig sind? In beiden Lagern finden sich die edelsten Söhne der österreichischen Adelsgeschlechter. Ihr Patriotismus kann keinen Augenblick in Frage gestellt werden, wenn er auch mitunter sein Ziel verfehlt. Feudale wie Verfassungstreue vereinigen sich in nie versiegender Loyalität gegen das angestammte Herrscherhaus, beide wetteifern in warmem Antheil an den Sorgen und schweren Herrscherpflichten des Monarchen und möchten ihm die Bürde der Krone gern erleichtern. Beide wollen auch ein großes, mächtiges, nach außen angesehenes, im Inneren consolidiertes Österreich, dem sie Geld- und Blutsteuer freudig opfern. Sie stimmen darin überein, dass geordnete wirtschaftliche wie politische Verhältnisse einzig nur auf dem Boden des nationalen Friedens erblühen können, und der Weg zu demselben wird ihnen in der Selbstbeschränkung und der Unterordnung unter das gemeinsame Ganze erkennbar. Beiden Theilen widerstreitet im tiefsten Inneren jeder gewaltsame Umsturz und .das Überwuchern der ruhigen staatlichen Fortentwicklung durch die modernen, radical nationalistischen Ideen. Trotz Autonomie und Centralismus begreifen sie in den wichtigsten Beziehungen des Staates gar wohl die Nothwendigkeit der Einheit. Weder die conservative, noch die liberale Adelspartei verkennt ferner die Bedeutung des kirchlichen Lebens, die Wichtigkeit einer religiösen und moralischen Jugenderziehung und einer Gestaltung des Verhältnisses zwischen Kirche und Staat, welche den Beziehungen der geistigen zur materiellen Lebenssphäre entspricht. Und was nun endlich die specielle Streitfrage im Bereiche des Verfassungslebens, was die sogenannte „böhmische Frage" und ihren Gegensatz zum heutigen Österreich anbelangt, da stoßen die grundsätzlichen Unterschiede allerdings härter aneinander. Bei ruhigem Blut erwogen, ist es aber doch nur ein Streit um Theorieen, den der aufrichtige Wille und eine gewisse höhere staatsmännische Einsicht patriotisch gesinnten Männern, welchen ihre sociale Stellung von der Welt mehr zu sehen gegeben hat, als den engen Horizont einer Provinzialstadt, auf dem Boden realer Wirklichkeiten zu schlichten gewiss nicht unmöglich machen werden.

Entbehrt mithin bei der Gemeinsamkeit der großen Ziele, welche aus gemeinsam ererbter Lebensauffassung hervorgehen, die Sonderung jeder tiefen Begründung, so drückt die vollkommene Gleichheit der speciellen Standes- und Lebensinteressen der Zweitheilung des in Böhmen ansässigen und begüterten Adels geradezu den Charakter des Unbegreiflichen und Widernatürlichen auf. Heute, wo alle gesellschaftlichen Organismen nach Vereinigung ringen, arbeitet der österreichisch-böhmische Adel, den der Verlust seiner vormärzlichen Prärogative, fortschreitende Verarmung und leider auch Depravation einer sich steigernden Zahl unwürdiger Glieder in seinem künftigen socialen Bestande ohnehin ernstlich genug bedrohen, in geradezu selbstmörderischer Weise an seiner politischen Auflösung. Es ist Thorheit, Gegensätze hervorzukehren, die im Grunde nicht bestehen, und die unzähligen gemeinsamen Berührungspunkte zu übersehen, welche dem ersten, von den feindlichen Strömungen der neuen Zeit in seinen innersten Grundfesten erschütterten Stande ein geschlossenes Vorgehen zur Wahrung seiner Interessen als erste Pflicht der Selbsterhaltung hinstellen sollten.

Der Adel im allgemeinen und der böhmische im besonderen beansprucht als wichtiger Factor im politischen Leben der Gegenwart angesehen zu werden und als solcher eine bedeutende Rolle zu spielen. Das Gewicht seiner Stimme wird aber durch Zersplitterung und gegenseitige Aufhebung seiner Kräfte keineswegs erhöht. Heute noch im Besitz ausgedehnter Ländereien, durch den Zusammenhang der Landwirtschaft mit der Industrie in reichem Maße auch an der letzteren betheiligt, sich wohl bewusst, dass gegenwärtig der Besitz über historische Reminiscenzen den Sieg davonträgt, ist der böhmische Adel gezwungen, den wirtschaftlichen und handelspolitischen Fragen thatkräftige Unterstützung zu widmen. Als in sich geschlossener Wirtschaftscomplex wird er seinen besonderen und den ihm nahe liegenden agrarischen Interessen überhaupt weit mehr Nachdruck zu geben vermögen, als in getrennter Angliederung an politische, ihm wirtschaftlich wie social durchaus nicht homogene Parteien. Die politische Spaltung führt auch bei ihm zur nothwendigen Folge, dass rein wirtschaftliche Anregungen und Erfolge der einen Seite der Parteipolitik der anderen zum Opfer fallen müssen. Endlich kann nicht übersehen werden, dass der Adel der Gesinnung so gern als angeborenes Prärogativ des Geburtsadels von seinen Vertretern ins Feld geführt wird; dieser müsste sie aber vor allem über die kleinlichen Vorurtheile und Uneinigkeiten des bürgerlichen Lebens, aus dem mehr oder weniger engherzigen Kampfe der Personen und Parteien zu einer höheren Auffassung der großen, weltbewegenden Fragen im Sinne der göttlichen Weltordnung emporheben und ihnen als fruchtbarstes Feld der Thätigkeit die Vermittlung und Versöhnung der Gegensätze zuweisen. In diesem Sinn über den Parteien zu stehen, den politischen Blick ungetrübt von subjectivem Ermessen zu bewahren und mit der Macht des Geistes imponierend zu wirken, dazu darf sich der Adel nicht selbst im Parteikampfe zersplittern, sondern er muss in sich gefestigt dastehen als ein historisch conservatives Gegengewicht gegenüber den unruhig treibenden Elementen der Zeit.

Welches Schauspiel bietet nun aber der historische Adel des Königreiches Böhmen? Wir gewahren denselben in zwei Lagern marschierend, den kleineren, liberalen Theil mit der gemäßigt deutschfortschrittlichen Bürgerpartei, den größeren, feudal und angeblich conservativ gesinnt, mit der čechischen Nationalpartei verbündet. Die Ursache der Trennung kann nicht in nationalen Unterschieden liegen. Abgesehen davon, dass, wie bereits hervorgehoben, von einer wirklich reinen Stammesangehörigkeit bei den böhmischen Adelsgeschlechtern nicht mehr die Rede sein kann, gehören der ersten Gruppe allerdings fast nur Träger deutscher Namen an. Die feudale Adelspartei hingegen vereinigt in sich Sprossen alter böhmischer und solcher deutscher Familien, welche geleisteten Kriegsdiensten das böhmische Incolat verdanken, mit Abkömmlingen von Geschlechtern, deren Wiege in aller Herren Ländern, nur nicht in Böhmen gestanden ist. Es kann somit nur die gemeinsame Überzeugung von der Gerechtigkeit der vertretenen Sache sein, welche die Parteigruppierung bedingt.

Zur Begründung des sittlich rechtlichen Standpunktes der feudalen Adelspartei müssen wir ein paar Decennien zurückgreifen. Da lässt sich die Thatsache nicht in Abrede stellen, dass das deutsche Element in Österreich, begünstigt durch die Vormachtstellung dieses Reiches im deutschen Bunde, das öffentliche Leben in einer Weise beherrschte, welche den anderen Nationalitäten in ihrer freien Entwicklung sehr empfindliche Schranken auferlegte und nicht immer der Gerechtigkeit entsprach. Wenn heute mit den Klagen über nationale Unterdrückung beiderseits Missbrauch getrieben wird, so gab es doch eine Zeit, wo der Čeche in Böhmen sich durch die deutsche Vorherrschaft in seinem nationalen Empfinden und seiner Sprache mit Grund zurückgesetzt sah. Das war die Epoche der einsprachig deutschen Straßentafeln in Prag. Das vom Zeitgeiste geweckte Selbstgefühl der Nation gab den Čechen in ihren besten Männern bald Vorkämpfer für die Achtung ihrer Nationalität und die Pflege ihrer Sprache im privaten wie öffentlichen Verkehre. Diese Bestrebungen wurden durch die veränderte politische Gestaltung Deutschlands und die für Österreich sich daraus ergebende Nothwendigkeit gefördert, sich als einen Staatenbund von gleichberechtigten Stämmen bei numerischem Übergewichte der Slaven zu constituieren.

Der böhmische Adel in seiner Mehrheit, den Geboten der Ritterlichkeit treu, machte die Sache der Unterdrückten zu seiner eigenen. Das Bewusstsein, selbst dem Volke entstammt zu sein, welches mit der jugendlichen Begeisterung der neuen Ära für seine Gleichberechtigung rang, war für viele edle Repräsentanten des heimischen Adels ein mächtiger Sporn, für die čechische Sache in die politische Arena zu treten. Allen aber ohne Rück-

sicht auf Abstammung boten die natürlich erwachsenen Besitz-
verhältnisse im Lande, welche dem Adel weite, von einer agri-
colen und zumeist čechischen Bevölkerung bewohnte Landstriche
zugewiesen, die deutschen Landesgenossen hingegen in ziemlich
compacter Masse in den natürlichen Entwicklungsgebieten der
Industrie, außerhalb der unmittelbaren Einflusssphäre des Groß-
grundbesitzes, vereinigt hatten, ein begreifliches Moment der
Sympathie für den čechischen Stamm. Das Gefühl der Verant-
wortlichkeit um das Wohl und Wehe des Landmannes, dessen
Hände Arbeit und Schweiß dem Grundherrn Zinsen trug, dieses
Gegenüberhalten von Rechten und Pflichten, wie es den moralischen Inhalt und besten Theil des auf christlicher Grundlage
erwachsenen, von allen Auswüchsen freien Feudalwesens im
Gegensatze zum modernen, schrankenlos egoistischen Indivi-
dualismus darstellte, es pflanzte sich nach dem Fallen aller grund-
herrlichen Schranken im echten Adeligen seinen ehemaligen
Unterthanen gegenüber fort und stellte es ihm als Pflicht vor
Augen, dem Schwachen beizustehen und ihm namentlich darin,
worin die Zeit ihn am schwächsten gelassen, in der politischen
Vertretung seiner Interessen Unterstützung zu gewähren.

Die Zeiten haben sich geändert; wenige Decennien haben
genügt, das schwach pulsierende nationale Leben zu überschäu-
mender Lebenskraft zu bringen. Mit der Patronanz über die
„böhmische Frage" hat der feudale Adel unbewusst das Gespenst
des politischen Radicalismus großgezogen. Aus den conservativen
Altčechen sind radicale Jungčechen geworden, und diese werden
noch von extremeren Parteigruppierungen übertrumpft. Die ehemaligen Leibeigenen vom Vormärz, die Schützlinge aus der
Jugendperiode freiheitlicher Institutionen, sie haben längst alle
beengenden Fesseln von sich geschüttelt, sie sind zur selbstbewussten Nation geworden, ihren Patronen über den Kopf
gewachsen, und berauscht von ihren Erfolgen, verschmähen sie
die hochadelige Führerschaft im nationalen Kampfe und räumen
ihren Gönnern widerwillig und misstrauisch kaum mehr die
Gefolgschaft ein, während aus der gährenden Kraft des eigenen
Volkes, national und politisch geschult, die besten Köpfe sich
längst an die Spitze gestellt und einen rücksichtslosen Kampf
von Nation zu Nation inauguriert haben.

Trotz all der schweren Opfer, welche der conservative
Adel Böhmens für die nationale Sache gebracht hat und auch
heute noch bringt, wo diese einen zweifellos provocatorischen

Charakter angenommen hat, muss er sich klar werden, dass er
infolge der extremen Richtung der nationalen Politik seinen
Einfluss und den Boden im Volke verloren hat. Wie Feuer und
Wasser keine Vereinigung leiden, so widernatürlich ist der Bund
zwischen einem conservativen Adel und den radicalen Vertretern
des modernen Nationalismus. Die längst verlorene Stellung an
der Spitze des um seine Rechte kämpfenden böhmischen Volkes
konnte auch durch eine Haltung nicht zurückerobert werden,
welche den Widerstand der jungčechischen Partei in sehr anfecht-
barer Weise zum Vorwande nahm, um die im Interesse des
Völkerfriedens feierlich eingegangenen Verabredungen zu revo-
cieren. Diese Schwäche konnte die Extremen nicht gewinnen,
den Gegnern musste sie den nur allzu berechtigten Vorwurf der
Wortbrüchigkeit entlocken, viele ruhig Denkende abschrecken,
allen aber die verführten Führer in ihrer ganzen politischen
Ohnmacht zeigen. Das war nur ein, aber ein verhängnisvoller
Schritt am Wege der Selbstentwürdigung des historischen Adels
in Böhmen. In bedauernswerter Consequenz folgen demselben
weitere nach. Es ist seiner Vergangenheit, seiner Stellung und
seiner Ziele ganz und gar unwürdig, um die Gunst einer destructiven Partei, wie es die jungčechische ist, zu buhlen. Das
letzte Fundament seines Ansehens wird unterwühlt, wenn er, der
Führerschaft verlustig geworden, sich in den Kundgebungen
redegewandter Vertreter dazu hergibt, dem principiellen Antagonismus gegen das Deutschthum und der Versicherung unver-
brüchlicher Freundschaft und andauernder Sympathie für die
nationalen Aspirationen Ausdruck zu verleihen, und die kühl
ablehnende Äußerung eines in der Natur der Dinge liegenden
Misstrauens dafür in Tausch zu nehmen gezwungen wird.

Heißt es doch gewiss auch nicht die Objectivität eines
höheren Standpunktes wahren, sondern es muss als ein Liebäugeln mit dem čechischen Radicalismus bezeichnet werden, wenn
die feudale Adelspartei im böhmischen Landtage einem Antrage
auf Einführung der russischen Sprache als obligaten Lehrgegen-
standes an den Mittelschulen Böhmens, der sich als ein Hohn auf
die landtägliche Thätigkeit und angesichts des Ansturmes auf
das Geltungsgebiet der deutschen Sprache als eine herausfordernde
Beschimpfung des Deutschthums darstellt, aus sehr übel ange-
brachter parlamentarischer Courtoisie den Weg in die Commission
bahnen hilft, nachdem sie erst wenige Jahre zuvor die miss-
liebigen, aber immerhin discutablen nationalen Abgrenzungsvor-

schläge der großen deutschen Minorität ohne jegliche Courtoisie
a limine abzuweisen für gut befunden und damit den Exodus
der letzteren herbeigeführt hatte!

Liegt da der Gedanke nicht nahe, dass Überzeugung und
Rechtsgefühl, welche im Beginne der böhmischen Bewegung für
die Theilnahme des Adels an derselben eine so tiefe Bedeutung
hatten, unter der gegenwärtig gänzlich veränderten Lage einem
gewissen Opportunismus Platz gemacht haben? Spielt nicht etwa
der Wunsch mit, eine wenn auch ziemlich bescheidene und
nicht besonders rühmliche Rolle auf der politischen Bühne weiter
spielen zu können? Ein herzhaftes Lossagen von den nationalen
Partnern müsste ja bei dem Umstande, als man auf der Gegenseite niemals Berührungspunkte gesucht und die Entfremdung
bis zu Deutschenhasse großgezogen hat, für die tonangebenden
Repräsentanten des Feudaladels mit dem Verluste des letzten
Restes von politischem Einfluss und dem Zurücktreten in das
ruhige Leben auf ihren Schlössern gleichbedeutend sein.

Auf der anderen Seite sehen wir den verfassungstreuen
Adel des Landes, dem Österreich höher als Böhmen gilt, von
seinen Standesangehörigen trotz verwandtschaftlicher Bande
politisch getrennt, von der Vertretung seiner materiellen wie
politischen Interessen durch seinesgleichen ausgeschlossen, fremd
im Landtagssaale des Königreiches Böhmen und wider Willen
zum Anschluss an die bürgerliche Partei der Fortschrittsfreunde
gedrängt. Das natürliche Gefühl spricht der Vereinigung das
Wort. Der Selbsterhaltungstrieb müsste, wenn nicht Verblendung
den Blick trübte, jenen Theil des Adels, der den Verlust seines
früheren politischen Einflusses beklagt, mit jenem, welchem er
jeglichen Einfluss vorenthält, im Wege des politischen Compromisses zusammenführen. Die Anregung zur Verständigung ist
vor wenigen Jahren aus dem verfassungstreuen Adel hervorgegangen; vielleicht als Eingeständnis der Schwäche aufgefasst,
fand sie auf der Gegenseite schroffe Zurückweisung. Tief wur-
zelnde, principielle Gegensätze sollen das unübersteigliche
Hindernis der Annäherung gewesen sein. Dass solche unlösliche
Widersprüche auf religiös-kirchlichem Gebiete bestehen, wird
und kann nur von politischer Hypokrisie behauptet werden.
Wahrhaftig, dem katholischen Leben sollten auf Seite der gereiften Vertreter des altösterreichisch-verfassungstreuen Adels
ernstere Gefahren drohen, als unter der Bundesgenossenschaft
einer radical-nationalistisch-jungčechischen Clique! Das Pro-

gramm der confessionellen Schule und der Freiheit der Kirche
im Staate ließe sich mit den Zielen dieser Partei verschmelzen
und schlösse hier die principielle Trennung nicht in sich, bloß
weil man sich zur Beschwichtigung des politischen Gewissens
versagt, die ersten Schutzbefohlenen čechischer Nationalität seien
unter dem Reste von obrigkeitlicher Einwirkung noch gläubig
fromme Katholiken gewesen? Aber mit dem verfassungstreuen
Standesgenossen, der gleich seinem feudalen Gegner Sonntags
die Kirche besucht, und der gewiss auch in moralischer Beziehung den Vergleich mit ihm nicht zu scheuen braucht, soll
ein gemeinsames Vorgehen auf Grund religiöser Gegensätze
unmöglich und im Gewissen unerlaubt sein *)! Man muss über
die Begriffsverwirrung staunen, welche sich in einer derartigen
Auffassung kundgibt. Niemals wohl hat ein Stand schlimmer an
seinem eigenen Fleische und Blute gewüthet und, leeren Schlagworten nachgehend, in so grausamer Weise sein eigenes Todes-
urtheil gefällt.

Wenn sich der feudale Adel Böhmens in dieser Frage auf
den modernen Standpunkt des Majoritätsprincipes begibt und
von den in der Minderzahl befindlichen verfassungstreuen Standesgenossen das Nachgeben und die Anerkennung des eigenen
Programmes als Bedingung eines Compromisses begehrt, so muss
zwischen den beiderseitigen Interessen wohl unterschieden werden.
Ein wirklicher, principieller Unterschied in der politischen Auffassung besteht, wie wir hervorgehoben haben, doch lediglich in
der vielumstrittenen Frage des böhmischen Staatsrechtes. Welchem Streittheile wird zur Wahrung der gemeinsamen Interessen
und in patriotischer Opferwilligkeit um des lieben Friedens in
Österreich willen Nachgiebigkeit da wohl vor allem obliegen?
Kann und darf der verfassungstreue Adel, der auf dem Deutsch-
österreicherthum fußt, einer vollkommenen Neugestaltung der
constitutionellen Grundlagen der österreichischen Monarchie im
Sinne des aus jahrhundertelanger Todtenstarre zum Leben er-
weckten böhmischen Staatsrechtes seine Zustimmung ertheilen,
ohne die vitalsten Interessen des deutschen Stammes verrätherisch
preiszugeben? Wird es aber auf der anderen Seite einem wirk-

---

*) Die kirchliche und damit zugleich sittlich-rechtliche Gesinnung, inso-
fern sie nicht bloß als Aushängeschild für politische Zwecke dient, wird auf
eine sehr gute Probe gestellt, wenn es beispielsweise zur Frage des Duells im
concreten Falle Stellung zu nehmen und einem Standesgenossen im Dilemma
zwischen dem Gewissen und der socialen Vernichtung beizustehen gilt.

lich conservativen Adel nur halb so schwer sein, sich aus höheren Rücksichten von dem Luftgebilde loszusagen, dessen reale Undurchführbarkeit unter den heutigen Verhältnissen ihm in seiner großen Mehrheit doch zweifellos klar ist, und die staatsrechtliche Fahne, welche er nur noch mit zaghaften Händen seinen Bundesgenossen emporzuhalten hilft, gegen das einigende Banner Habsburgs zu vertauschen?

6. Der Parlamentarismus in Österreich.

Das Verfassungsleben der Neuzeit gipfelt im Parlamentarismus als der Theilnahme des Volkes durch seine erwählten Vertreter an den legislatorischen Aufgaben des Staates. Verfassung und Volksvertretung stehen zu einander in inniger Wechselbeziehung: Wahrhaft constitutionelle Zustände bringen den Parlamentarismus zur Blüte, indem sie die in der Volksseele schlummernden intellectuellen Kräfte und idealen Bestrebungen zum Leben erwecken und ihnen die Richtung auf das gemeinsame Wohl verleihen. Andererseits kann der Niedergang des Parlamentarismus, welcher nicht nur in einem vorübergehenden Sinken des geistigen Niveaus der Vertreter, sondern vielmehr in einer organischen Krankheit des parlamentarischen Körpers seinen Grund hat, nicht ohne verfassungsrechtliche Consequenzen bleiben.

Zweifellos, der Parlamentarismus in Österreich ist krank. Von den autonomen Körperschaften der Gemeinde, des Bezirkes und des Landes bis zu den beiden Häusern des Wiener Centralparlamentes, ja bis zu der gemeinsamen Vertretung beider Reichshälften in den Delegationen hinauf, überall herrschen ungesunde Zustände, welche den Grundsatz der freien Volksvertretung zu erschüttern und deren verfassungsmäßige Formen in Frage zu stellen drohen. Suchen wir nach dem Namen der Krankheit, unter welcher unser Parlamentarismus leidet, so finden wir, dass sie als eine der Neuzeit ganz eigenthümliche pathologische Erscheinung einen sozusagen epidemischen Charakter zeigt, und dass sie keinen mit dem Segen moderner Civilisation bedachten Staat gänzlich verschont, Österreich aber als das specifische Völkerconglomerat mit ganz besonderer Heftigkeit befallen hat. Sie ist das ins Krankhafte gesteigerte Nationalgefühl, das als Nationalismus alle Erscheinungsformen des staatlichen und socialen Lebens seinem Machtgebote zu unterwerfen sucht.

Wenn der Parlamentarismus das Majoritätsprincip der Erreichung eines allen politischen Parteien gemeinsamen gesammtstaatlichen Zieles dienstbar macht, so untergräbt hingegen der Nationalismus jegliche parlamentarische Thätigkeit, indem er sich für die Erreichung ganz und gar disparater nationaler Ziele einsetzt.

Nicht die Rücksicht auf das allgemeine Wohl vereinigt mehr die Volksvertreter zu gemeinsamer parlamentarischer Arbeit, wo das Gewicht sachlicher Argumente und die Macht der Rede auf die Überzeugung des Gegners einwirken sollen, und die Minderzahl ihre Anschauung und ihren Willen der Mehrheit nach constitutionellem Gebrauche aus dem einzigen Grunde unterordnen muss, weil es an jedem zuverlässigeren Mittel gebricht, die Stimme des Volkes kennen zu lernen: Parteitaktik vielmehr bestimmt ausschließlich das Verhalten der Erwählten des Volkes. Wenn diese sich hiebei von ihren Mandatgebern geschoben wähnen, so ist meist zu beachten, dass umgekehrt die große Menge nur zu leicht geneigt ist, sich von einem Führer hinreißen zu lassen, wenn er es nur versteht, eine Idee mit den richtigen Worten zu propagieren. Gar leicht ist es aber, für die nationale Idee, welche heute die Welt beherrscht, Anhänger zu gewinnen, der nationalen Strömung mit oratorischer Gewandtheit den Weg zu weisen, den Kampf für die nationale Sache als heilig hinzustellen und die Unterlegenen als nationale Märtyrer zu feiern, für welche die Weltgeschichte Vergeltung fordere. Die heutige Gruppierung der Parteien im Parlamente nach nationalen Interessengruppen hat die frühere Sonderung nach politischen Richtungen zum großen Schaden des Staatswesens und des Parlamentarismus stark zu verwischen gewusst: Während letztere und der Bestand einer parlamentarischen Opposition die Voraussetzung für jedes constitutionelle Leben sind, ohne welche politische Stagnation eintreten muss, hat der nationale Antagonismus jedes Interesse an einer gesammtstaatlichen Politik erstickt und dem parlamentarischen Leben das Gepräge eines Vernichtungskampfes aufgedrückt.

Die nationale Idee hat den Parlamentarismus in Österreich heute schon ad absurdum geführt. Nicht nur, dass der staatsrechtliche Standpunkt der Čechen die Competenz des gemeinsamen Reichsparlamentes für die meisten legislatorischen Aufgaben theoretisch wie praktisch zu bestreiten und dieselben den Landtagen zuzuweisen sucht, worin schon an sich das principielle

Bestreben gelegen ist, die Thätigkeit der verhassten Reichsvertretung durch alle halbwegs zulässigen Mittel lahmzulegen;
sondern hier wie nicht minder in den als legal anerkannten
Landesvertretungen hat die nationale Idee auf Grund ihrer angeblich unveräußerlichen Rechte eine brutale Gewaltherrschaft
insceniert, welche den Grundsätzen des Parlamentarismus schnur-
stracks zuwiderläuft und ihn zu einer leeren Formel macht.
Dies gilt von den beiden politisch und national hervortretenden
Parteigruppen, der deutschen nicht minder wie der slavischen.
Wenn ein formell zulässiges Kampfmittel in anderen Parlamenten
von der Minorität früher nur im Sinne möglichster Ausnützung
der intellectuellen Waffen der Rede gehandhabt zu werden
pflegte, so gebürt dem Landtage des historischen Königreiches
Böhmen der traurige Ruhm, die Geburtsstätte der čechischer
Erfindungsgabe entsprungenen brutalen Obstruction zu sein,
welche im Dienste der nationalen Sache das hohe Mandat des
Volksvertreters und eine für die geistige Elite des Volkes be-
rechnete Geschäftsordnung zu einer gewaltthätigen Verhinderung
der parlamentarischen Verhandlungen missbrauchen zu dürfen
vermeint. Dass dieses verabscheuungswürdige Beispiel auf Seite
der nationalen Gegner, sobald sie sich in der Minorität und in
einer nationalen Frage bedrängt sahen, im Wiener Parlamente
ohne Scheu sofort zur Nachahmung gelangte, ist weder durch
die Priorität des Unrechtes auf der Gegenseite sittlich zu rechtfertigen, noch mit der Schärfe des parlamentarischen Kampfes
zu entschuldigen, welcher den Schutz der nationalen Güter
angeblich über alles zu stellen hat. Dem deutschen Volke in
Österreich hat vielmehr dieses Vorgehen seiner Vertreter für
seine Cultur und politische Reife ein wenig schmeichelhaftes
Zeugnis ausgestellt und dem čechischen Widersacher für den
auf deutschliberalem Boden erwachsenen Parlamentarismus den
Sarg zimmern geholfen.

Das Wesen des Parlamentarismus beruht grundsätzlich auf
der Herrschaft der Majorität. Ob dieser Grundsatz eine unbe-
strittene Anerkennung verdient, mag dahingestellt bleiben. Die
Mehrheit der Vertreter ist ganz gewiss nicht mit der Mehrheit
der Vertretenen congruent. Allerhand Einflüsse machen sich
mehr oder weniger geltend, dass im Willen der Volksvertreter
der wahre Volkswille häufig nicht zum Ausdrucke gelange. Aber
welches menschlich vollkommenere, weniger anfechtbare Mittel
steht der constitutionellen Staatseinrichtung zugebote, das Volk

in seiner großen Masse an den staatlichen Aufgaben theilnehmen und dessen überwiegenden Willen zum Ausdrucke gelangen zu lassen? Glaubt man doch dem Verlangen nach der Volksstimme im Criminalprocesse durch die Illusion entgegen zu kommen, dass dieselbe durch zwölf Geschworene kundgethan werde; und so kann denn der Annahme, dass das Volk durch freie Wahl seiner parlamentarischen Vertreter seine Collectiv-Überzeugung und seinen Gesammtwillen auf dieselben übertrage, eine aus dem Zwange der Umstände hervorgehende Berechtigung nicht abgesprochen werden. Genug, dass ohne das Princip der Majorität constitutionelle Zustände und der Parlamentarismus ein Ding der Unmöglichkeit sind.

In dem seit kurzem salon- und parlamentsfähig gewordenen Begriffe der Obstruction ist nun dem Parlamentarismus und in weiterer Consequenz der Verfassung ein innerer Feind entstanden, welcher den geltenden Grundsatz in sein Gegentheil verkehrt und der parlamentarischen Majorität gegenüber die schrankenlose Herrschaft der Minorität proclamiert. Die Berechtigung des Satzes einmal zugegeben, dass unter gewissen Verhältnissen, und zwar in erster Reihe bei vermeintlicher Bedrückung auf nationalem Gebiete, das gute Recht der Minorität zu spontanem Ausbruche kommen und die Bethätigungen der Majorität selbst unter Anwendung von Gewalt verhindern dürfe, gehört kein weites Maß von Voraussicht dazu, die Grenzen dieser angeblich erlaubten parlamentarischen Nothwehr als ungemein verschwommen und die Gefahr als äußerst naheliegend zu erkennen, dass die Rücksichtslosigkeit des parlamentarischen Kampfes die obsiegende Majorität stets und überall der Herrschaft der Minorität in Form einer jedes intellectuellen Vorzuges entbehrenden, mehr oder weniger gewaltthätigen Obstruction ausliefern werde.

Es ist das Faustrecht in seiner allermodernsten Gestalt, welches den Erwählten des Volkes als handgreifliches Argument für seine geheiligten Forderungen und ihnen selbst als wohlfeiles Mittel zur Bescheinigung ihres parlamentarischen Eifers dient. Es ist die Anwendung des dem Gegner so oft vorgeworfenen Satzes von der Heiligung der Mittel durch den Zweck, welche heute den aus der freisinnigen Schule hervorgegangenen Parlamentariern durchaus nicht mehr verwerflich erscheint, sobald sie die nationale Sache durch Lahmlegung der Majorität und Hemmung einer zu wenig conniventen Regierungsmaschine fördern zu können vermeinen. Das Mittel der überzeugenden

Rede hat in einer Versammlung längst seine Wirkung verloren, wo Vernunft und bessere Einsicht von der Parteitaktik ihre Marschroute empfangen. Man spricht, aber wenn nicht mit dem Zwecke zu obstruieren, so doch nur, damit das gesprochene Wort bei offenen Fenstern hinausdringe unter die Wähler und, versehen mit der Würze parteijournalistischer Hetzarbeit, die zumeist urtheilslose Menge durch raffinierte Schärfe in jener Kampfesstimmung erhalte, welche die geistige Atmosphäre und Existenzbedingung des modernen Parlamentariers bildet. Die parlamentarischen Vertretungskörper, von den Begründern des Verfassungslebens als Stätten gedacht, wo die Fragen der Politik mit den Waffen des Geistes zur Austragung gelangen sollen, haben ihre Pforten einer brutalen Form unreifer Rechthaberei geöffnet, welche sich nicht entblödet, Pultdeckel, Kindertrompeten, Ratschen und dergleichen geräuschvoll wirkendes Spielzeug in der Hand von ernsten, gebildeten Männern, Doctoren und Professoren, als sittlich und vernünftig zulässige Waffen im parlamentarischen Kampfe zu betrachten, und welche diese durch die Wahl ihrer Mitbürger für den hehren Beruf von Gesetzgebern ausersehenen Männer zu Handlungen hinreißt, die, der Fuhrmannskneipe entlehnt, diese edlen Volksvertreter wegen öffentlicher Gewaltthätigkeit mit dem Strafgerichte in Berührung bringen müssten — wenn sie nicht immun wären!

Sie werden von ihren Anhängern als Helden gepriesen, welche die Bresche der bedrohten Volksrechte mit Aufopferung ihrer Stimmittel, mit dem Einsatz ihrer ganzen Körperkraft zu vertheidigen wussten. Mag immerhin etwas die Bewunderung Erweckendes in der Energie liegen, welche unzweifelhaft dazu gehört, einen ganzen Tag oder eine lange Nacht hindurch den Faden der Rede sich nicht entwinden zu lassen, und gebürt einem solchen obstructionistischen Dauerredner für seine Leistung gewiss kein minderer Beifall, als ihn die sensationslustige Menge beispielsweise einem hervorragenden Athleten zollt, so werden auch das mit kräftigen Fäusten systematisch betriebene Zertrümmern von Hausrath und das fortgesetzte Attentat auf die Integrität des menschlichen Trommelfelles als im nationalen Dienste vollbrachte Heldenthaten gefeiert. Aber auch von den Gegnern wird vielfach die Obstruction nur aus dem Grunde verurtheilt, weil sie sich gegen die eigene Partei kehrt. Sie befleißen sich, als gelehrige Schüler die neue Taktik zu erfassen, um sie gegebenen Falles selbst anwenden, ja übertreffen zu können. Weshalb auch sie verschmähen? Der gewaltthätigen Obstruction ist die Sanction des Erfolges zutheil geworden. Parlament und Regierung haben vor ihr capituliert und gegenüber den constitutionellen Einrichtungen und den Forderungen der Staatsnothwendigkeit ihrer Übermacht die Anerkennung gezollt!

Dass aber die parlamentarische Obstruction überhaupt als formell zulässiges Mittel im Kampfe der Parteien betrachtet werden kann, ist wohl nur einer bedauerlichen Begriffsverwirrung zuzuschreiben, welche Zweck und Mittel gleichsetzt. Von dieser irrigen Anschauung auf Grund des todten Buchstabens der Geschäftsordnung ausgehend, weigert sich jene Partei, an der nach der augenblicklichen politischen Constellation die Obstruction gerade ihr Müthchen kühlt, solchen principiellen Maßregeln zuzustimmen, welche die Geschäftsordnung mit der zunehmenden Verwilderung der parlamentarischen Sitten besser in Einklang zu bringen und dem staatsgefährlichen Treiben obstruierender Parteien für alle Zukunft wirksam zu steuern geeignet wären. Glaubt sie doch mit den Zufällen des Parteigetriebes in Österreich rechnen und für die Zeit, wo sie möglicherweise wieder das harte Brot der Minorität zu kosten haben werde, die nun einmal als commentmäßig anerkannte Waffe der physischen Obstruction nicht vergraben und sich selbst im vorhinein nicht des Vortheiles berauben zu dürfen, welchen ihr dieses Mittel schon einmal gebracht hat.

Nur der Zug der Zeit, aller vermeintlichen Gedankentiefe zum Trotz doch immer und überall die Form vor das Wesen zu setzen, konnte dem Buchstaben der parlamentarischen Geschäftsordnung eine ihrem Zwecke widerstreitende Bedeutung beimessen. Das Wesen der Sache liegt im Bestande der parlamentarischen Maschine, welche den politischen Verkehr zwischen den Vertretern des Volkes behufs ihrer Theilnahme an der Gesetzgebung auf Grund des Majoritätsprincipes zur Aufgabe hat. Damit diese verfassungsmäßige Thätigkeit des Vertretungskörpers geregelt und so ihr Zweck selbst ermöglicht werde, ist nicht minder wie bei jedem von Menschen gegründeten Vereine die Aufstellung einer formalen Richtschnur unerlässlich, welche in der Geschäftsordnung zum Ausdrucke gelangt. Diese ist die Form, das Mittel zum erstrebten höheren Ziel, keineswegs Selbstzweck. Mag in den Parlamenten der verschiedenen constitutionellen Staaten die Geschäftsordnung der freien Bethätigung der Abgeordneten und der discretionären Präsidialgewalt als der

obersten Hüterin der Ordnung und parlamentarischen Sitte mehr
oder minder Spielraum gewähren, immer verfolgt sie damit nur
den Endzweck, den Parlamentarismus selbst zu schützen und
lebensfähig zu erhalten. Werden nun die Bestimmungen der wie
jedes legislatorische Menschenwerk unvollkommenen und alle
künftigen Möglichkeiten keineswegs subsumierenden Geschäftsordnung in dem Sinne interpretiert oder missbraucht, dass sie
die Handhabe für die Lahmlegung der parlamentarischen Thätigkeit und somit für die directe Vereitlung des verfassungsmäßigen
Zweckes bieten sollen, so kann diese Auslegung allenfalls auf
juristisch formelle Correctheit und äußere Gesetzmäßigkeit Anspruch erheben, sie stellt sich aber vom sittlich rechtlichen
Standpunkte zweifellos als materielle Rechtsverletzung und ver-
werfliches Kampfmittel dar. Nur leichtfertige Sophistik wird sich
desselben im politischen Kampfe scrupellos bedienen. Dem
gegenüber sollten alle besonnenen, patriotisch gesinnten und
sittlich gereiften Abgeordneten ohne Unterschied der Partei sich
vereinigen, die Würde des österreichischen Parlaments vor jeder
Wiederholung der traurigen Scandalscenen zu bewahren, deren
Schauplatz dasselbe zum Gespötte der civilisierten Welt geworden
ist, und demzufolge die formelle Regelung der parlamentarischen
Verhandlungen den veränderten Verhältnissen und dem Wesen
wie der Bestimmung des Parlamentarismus selbst wieder anzu-
passen suchen.

Dazu ist unter den gegenwärtigen Zuständen eine Erweiterung der Disciplinargewalt des Präsidiums und die Befugnis
desselben unerlässlich, nicht allein Verbal- und Realinjurien und
alle geflissentlichen Störungen des ordnungsmäßigen Laufes der
Verhandlung, sondern schon jede Verletzung des Anstandes und
der guten Sitten an den Abgeordneten in weit empfindlicherer
Weise zu ahnden, als es gegenwärtig durch den fast jeder moralischen Wirkung entbehrenden Ordnungsruf zu geschehen pflegt.
Ein missachteter Ordnungsruf oder eine wiederholte Rüge müsste
ipso jure schon die Ausschließung von einer oder mehreren
Sitzungen und den Verlust der betreffenden Diäten zur Folge
haben. Außerdem hätte in schweren Fällen über Antrag des
Präsidenten oder einer gewissen Zahl von Mitgliedern das Haus
über die längere oder selbst gänzliche Ausschließung, den Diäten-
verlust und die in das Verhandlungsprotokoll aufzunehmende
Missbilligung zu beschließen. Die disciplinariter verhängte Ausschließung hätte sich indes, um keiner Partei den Vorwand zu

bieten, über Vergewaltigung in der Person ihrer Abgeordneten klagen zu können, nur auf die Debatte, nicht auch auf die einfache Stimmenabgabe zu erstrecken. Die Geschäftsordnung müsste präcise Bestimmungen über das Recht der Abgeordneten enthalten, Interpellationen und Dringlichkeitsanträge zu stellen sowie namentliche Abstimmungen zu verlangen, mit der ausgesprochenen Tendenz, einerseits die constitutionellen Befugnisse des Parlamentes mit Rücksicht auf seinen Zweck strenge zu wahren, andererseits aber eine jede missbräuchliche Anwendung der Geschäftsordnung zur Verkehrung dieses Zweckes in sein Gegentheil unmöglich zu machen. Nachdem alle disciplinäre Machtbefugnis illusorisch wird, wenn ihr der Nachdruck der Executive fehlt, es aber mit Recht einen erniedrigenden Eindruck verursachen müsste, wenn in das Haus der freien Volksvertreter zur Herstellung der gestörten Ordnung Organe der bewaffneten Macht zu berufen Gepflogenheit würde, ist es das Parlament seinem Ansehen schuldig, eine eigene Wache zu bestellen, über welche das Präsidium in allen jenen Fällen zu verfügen berechtigt wäre, welche sich im Privatleben als grober Unfug, Störung der öffentlichen Ruhe, Gewaltthätigkeit oder dergl. in Verbindung mit Widersetzlichkeit darstellen, und denen gegenüber eine allzu weit gehende interne Immunität der vollständigen Demoralisierung des Parlamentes gleichkäme.

Wenn auch derartige Maßregeln als drakonisch und mit der Würde eines freien Volkshauses unvereinbar von der radicalen Clique bekämpft werden, wenn auch die Blüte des Parlamentarismus unzweifelhaft mit jenen moralischen Wirkungen auslangen kann, welche schon eine Verwarnung auf den feinfühligen Mann ausübt, so ist die Verschärfung der Geschäftsordnung zur unbedingten Nothwendigkeit geworden, wo das gesellschaftliche Niveau des Parlamentes so tief gesunken, und das jedem Gebildeten anerzogene Gefühl für Wohlanständigkeit der krankhaften Sucht gewichen ist, durch möglichst drastische Äußerungen eines selbstbewussten Radicalismus auf den politischen Nerv des großen Publicums einzuwirken.

Damit der österreichische Reichsrath jedoch aus sich heraus an die Reform der Geschäftsordnung schreiten könne, dazu muss er vor allem selbst erst wieder arbeits- und beschlussfähig werden. Außer der inneren Sanierung harren vergebens seiner Thätigkeit die allerdringendsten Aufgaben des Staatshaushaltes, die Bewilligung der für das Fortarbeiten der Regierungsmaschine erforderlichen Geldmittel, die Regelung des wirtschaftspolitischen Verhältnisses zur jenseitigen Reichshälfte, die Investierung namhafter, für die Volkswirtschaft unentbehrlicher, von den Kronländern dringend geforderter Summen zum Bau und zur Ausgestaltung des Eisenbahnwesens wie zum Zwecke der Fluss-Schiffahrt und Canalisierung u. dgl. m. Durch organische Krankheit zur Ohnmacht verurtheilt, lässt das Parlament im Verfassungsleben des Staates heute eine Lücke frei, welche durch immer wiederkehrende Provisorien kaum nothdürftig maskiert, in keinerlei Weise aber ausgefüllt werden kann. Der Constitutionalismus ist in seinen innersten Grundfesten erschüttert und nicht mehr fähig, seine Aufgabe zu erfüllen. Es schreit das Volk nach Brot, und seine Abgeordneten reichen ihm als Frucht ihrer parlamentarischen Thätigkeit statt dessen den Zankapfel politisch nationaler Zerfahrenheit. Der Versuch, dem Parlamente durch seine Auflösung und den Appell an das Volk neues Leben einzuhauchen, kann bei der aufsteigenden Bewegung, welchen der Radicalismus unter den irregeleiteten Massen nimmt, nur misslingen und muss eine noch größere Zahl falscher Propheten aus den Neuwahlen hervorgehen lassen, deren beschränkter Egoismus an der Zertrümmerung Österreichs arbeitet. Noch fühlt die große Menge an ihrem eigenen Leibe nicht genug die verheerenden Wirkungen des ihr aufgedrungenen Kriegszustandes, noch scheint des Jammers nicht genug zu sein, damit das gesunde Volksbewusstsein endlich einmal mit elementarer Gewalt zum Durchbruche gelange und von der Bildfläche des parlamentarischen Lebens alles politische Schmarotzerthum hinwegfege, welches am Lebensmarke des Volkes zehrt.

Alle Versuche der Regierung, das Parlament wieder arbeitsfähig zu machen, sind an der Hartnäckigkeit der Parteien gescheitert. Sie durch theilweises Entgegenkommen zu gewinnen, konnte derartig beliebte politische Handelsgeschäfte nicht erfolgreich machen, weil jeder Schritt nach rechts die Kluft nach links erweitert und umgekehrt. Zwischen schroff divergierenden Anschauungen ein Compromiss zu schließen, ist bei dem Mangel jedes gesammtstaatlichen Bewusstseins ein Ding der Unmöglichkeit geworden. Eine bestimmte politische Richtung aber, welche man nach reiflicher Überlegung gewählt, wenn sie auch begreiflicherweise nicht allseitige Unterstützung finden könnte, mit fester Hand weiter zu verfolgen, um auf diesem Wege doch irgend ein positives Resultat zu erzielen, dazu hat es unter den gegenwärtigen Wirren noch jeder österreichischen Regierung an Kraft und Consequenz gefehlt. Während die jammervollen politischen und wirtschaftlichen Zustände nach einer energischen, erlösenden Regierungsthat schreien, ist das völlig systemlose, sprung- und zaghafte „Weiterfretten" in Österreich zur Regierungsmaxime geworden. Man behilft sich mit traurigen Haarspaltereien, sophistischen Auslegungen bestehender Paragraphe, hinter welchen man die Rettungsaction für den Staat zu verschanzen sucht. Wohl oder übel muss die Regierungsmaschine in Gang erhalten werden, wenn auch Parlament und Constitutionalismus sich bankerott erklärt haben. Da ist guter Rath theuer: Unter dem § 14 des Staatsgrundgesetzes vom 21. December 1867 über die Reichsvertretung glaubt man ihn gefunden zu haben.

Mit der Anwendung dieses in der politischen Geschichte Österreichs zu ungeahnter Bedeutung gelangten Paragraphen auf die vom Parlamente zu bewilligenden, seiner Arbeitsunfähigkeit zufolge aber unerledigt gebliebenen sogenannten „Staatsnothwendigkeiten" haben die österreichischen Staatsmänner den geraden, offenen Weg verlassen und den dunkeln Pfad der Unaufrichtigkeit eingeschlagen. Es ist ein verhängnisvoller Irrthum, zu glauben, dass zur Beruhigung der Gemüther ein unwürdiges Gaukelspiel mit Worten leichter beitragen werde, als eine offene, mannhafte That. Welcher unbefangene Beobachter der politischen Lage Österreichs, welcher im dichtesten Kampfgewühle stehende Parlamentarier selbst wird in der Tiefe seines Innern nicht zur Überzeugung gelangt sein, dass es in der bisherigen Weise nicht weiter gehen könne, und dass die Verfassung in ihrem Rahmen durchaus keine Möglichkeit biete, nicht allein einen idealen und daher unerreichbaren politischen Friedenszustand herbeizuführen, sondern auch nur das regelmäßige Functionieren der Staatsmaschine zu gewährleisten? Der gegenwärtigen acuten Erkrankung des politischen und nationalen Lebens ist in der Verfassung kein heilendes Arcanum gewachsen: sie bedarf einer Radicalcur. Der § 14 kann aber durchaus nicht als ein Geheim-, am allerwenigsten als ein Wundermittel angesehen werden.

Es genügt in der That wenig juristischer Scharfsinn, um zu erkennen, dass diesem rettenden Paragraphen jegliche Anwendbarkeit auf die bestehenden verfassungsrechtlichen Schwierigkeiten ganz und gar abgeht. Wenn der Gesetzgeber für die Zeitperiode, wo die verfassungsmäßig zur Beschlussfassung berufenen Vertretungskörper nicht versammelt sind, bei Eintritt

dringender Nothwendigkeit der Regierung die Befugnis zu selbständigen Verfügungen mit provisorischer Gesetzeskraft unter
der ausdrücklichen Beschränkung einräumen zu sollen geglaubt
hat, dass für dieselben vor dem demnächst einzuberufenden
Parlamente die Indemnität und definitive Gesetzeskraft nach-
zusuchen sei, so kann die Anwendung dieses Nothparagraphen
auf den Fall, wo die Regierung das Parlament aus irgend einem
Grunde, sei es selbst dem seiner Impotenz, eigens verabschieden
zu müssen erachtet, um sodann in der Erlassung gesetzlicher
Verfügungen aus eigener Machtvollkommenheit vorzugehen, mit
dem Geiste, ja selbst mit dem Wortlaute der Verfassung in
keinerlei Weise vereinbart werden. Lassen sich allenfalls noch
die Festsetzung des jährlichen Budgets, die Bewilligung des
Recrutencontingentes, die Erledigung von Nothstandsangelegen-
heiten und ähnliche dringende Staatsnothwendigkeiten der ge-
zwungenen Interpretierung des § 14 unterziehen, so harren der
Regierungsthätigkeit außerdem doch viele Aufgaben von höchster
Wichtigkeit, auf welche derselbe, weil sie eine dauernde Be-
lastung des Staatsschatzes involvieren, durchaus nicht passen
will, und wo seine Anwendung den versteckten Verfassungs-
bruch zu einem offenen gestalten würde, — Aufgaben, deren
weitere Zurücklegung aber die wirtschafts- und handelspolitische
Mumificierung Österreichs vervollständigen müsste: Mit dem § 14
lässt sich keine wie immer geartete Action im großen Stile ein-
leiten, weder ein Donau-Elbecanal, noch eine zweite Bahn-
verbindung mit Triest durchführen.

Alle gemäß § 14 in der jüngsten Zeit erlassenen Regierungs-
maßregeln stellen sich rechtlich als verfassungswidrig dar, und
vermag weder seine gewaltsame Deutung, noch der Drang der
Umstände hieran das Geringste zu ändern. Wenn trotzdem diese
Äußerungen der Regierungsgewalt im allgemeinen ohne Widerspruch hingenommen werden, so ist es die Folge des im Volke
schlummernden Bewusstseins, dass irgendwie regiert werden
müsse, und dass der Staat nicht zugrunde gehen dürfe, weil
man über die Form seiner Erhaltung uneins sei. Die Rettung
der österreichischen Monarchie wird aber nicht jene Regierung
vollbringen, welche ihre Thätigkeit mit dem falschen Scheine
der Verfassungsmäßigkeit zu decken weiß, indem sie von den
kleinlichen Hilfsmitteln der Rabulistik Gebrauch macht, auch
nicht jene, welche ihren Bestand auf der Lüge des § 14 zu
gründen verschmäht, deren gerader Sinn aber die weiteren ver-

fassungsrechtlichen Consequenzen zu ziehen durch die Macht
eingegangener Verpflichtungen gehindert ist, sondern es harrt
Österreich einer großen, erlösenden Regierungsthat, welche einmal offen und ehrlich der Wahrheit Zeugnis gibt und die höhere
Nothwendigkeit einer Beugung des Constitutionalismus nicht aus
engherzigen Rücksichten mit ganz und gar unzutreffenden Ge-
setzesauslegungen zu bemänteln sucht.

Gewiss, in der Verfassung haben die zu politischem Selbst-
bewusstsein erwachten Völker ein Gut von hohem Werte für
sich errungen, und es ist begreiflich, wenn sie eifersüchtig über
dessen Erhaltung wachen. Aber auch hier muss das in der Verfassung gelegene Mittel dem höheren Zwecke des Staatswohles
untergeordnet werden. Auch hier gelten für die Regierenden
Gesichtspunkte einer höheren Moral, auf welche der enge Maßstab spießbürgerlicher Sitte nicht anwendbar ist. Jenen, welche
die Verantwortung für das Functionieren des gesammtstaatlichen
Organismus tragen, kann die politische Diagnose unter Umständen
einen außergewöhnlichen Eingriff nicht als Verbrechen anrechnen,
ja sie muss ihnen denselben sogar zur Pflicht machen. Die Regierten haben nur den unabweislichen Anspruch zu verlangen,
dass offen und ehrlich an ihnen gehandelt werde. So wird
mancher die bittere Pille der Einschränkung seiner staatsbürger-
lichen Rechte, wenn auch widerstrebend, so doch ruhiger ver-
schlucken, als wenn man ihm den Gifttrunk politischer Demorali-
sation mit dem Zuckerwasser des § 14 zu versüßen sucht.

Für die österreichische Monarchie gibt es unter den gegenwärtigen politischen und nationalen Wirren wohl nur einen
einzigen Ausweg, dem Abgrunde zu entrinnen: die temporäre
Sistierung der Verfassung. Nicht als ob wir im Absolutismus
das Heilmittel für alle Schäden der Zeit erblickten, nicht als ob
wir verkennen würden, dass derselbe eine überlebte und mit
den Anforderungen des modernen Lebens nicht mehr vereinbare
Staatsform sei. Auch sind wir uns dessen vollkommen bewusst,
dass die Völker des civilisierten Erdenrundes, welche die Verfassung gleichsam mit der Muttermilch in sich aufgesogen haben,
eine dauernde Verweigerung der gewohnten politischen Nahrung
gewiss nicht ertragen und sich den Genuss ihrer Freiheiten sehr
bald zurückerobern würden. Aber eine zeitweilige Eindämmung
des constitutionellen Lebens wird den überschäumenden Strom
in seine Ufer zurückweisen. Im Kampfe der Parteien wird der
octroyierte Waffenstillstand eine allmähliche Abkühlung der von

Leidenschaft erhitzten Gemüther herbeiführen und einer ruhigeren, vernünftigeren Auffassung der Lage Raum gewähren. Den besonnenen Elementen aller Parteirichtungen wird der während der Kampfespause zum Bewusstsein zurückgekehrte gesunde Sinn des Volkes wieder jene Geltung einräumen, welche sie zu würdigen Vermittlern des Friedenswerkes befähigt.

Während dessen führt ein in maßvollen Grenzen gehaltener, vom hohen Gerechtigkeitssinne des Monarchen durchwehter und gemilderter Absolutismus unter der gewissenhaften Mitwirkung der ihm und der Nachwelt verantwortlichen, aus den besten Patrioten erwählten Regierung gewissermaßen die Curatel über die an particularistischem Egoismus erkrankte und entmündigte Verfassung. Nicht die Zwangsjacke vormärzlicher Tyrannei soll sie knebeln, nur der ruhigen Einwirkung des Arztes bedarf es, der sich einzig und allein die Grundsätze allseitiger Gerechtigkeit, praktischer Vernunft und eines echten österreichischen Patriotismus zur Richtschnur nimmt, und dem kein höherer Lohn winkt, als die Anerkennung der Weltgeschichte, um jener gar bald wieder gesundes, neues Leben einzuhauchen. Dann wird die Zeit gekommen sein, wo der Constitutionalismus in den Händen der Völker des österreichischen Staates kein gefährliches Spielzeug mehr ist, das ihnen entrissen werden musste. Durch die Ruhe eines politischen Interregnums abgeklärt, werden die nationalen und politischen Tendenzen dann vielleicht mehr die Richtung auf das eine Nothwendige, auf die allen mehr oder weniger erwünschte politische und wirtschaftliche Größe des gemeinsamen Vaterlandes einzuschlagen wissen. Wenn dann die Pforten des Parlamentes sich den Erwählten des Volkes zur Wiederaufnahme ihrer verfassungsmäßigen Thätigkeit eröffnen, wird Österreich vielleicht nicht mehr der Feldruf im Kampfe gegen Nationen und Länder, sondern es wird, das walte Gott, der einigende Wahlspruch aller Österreicher sein!

ISBN 9781167416170

KESSINGER PUBLISHING®, LLC
WWW.KESSINGER.NET

Petrusevangelium, oder Aegypterevangelium?

Eine Frage Bezüglich des Neuentdeckten Evangelienfragments

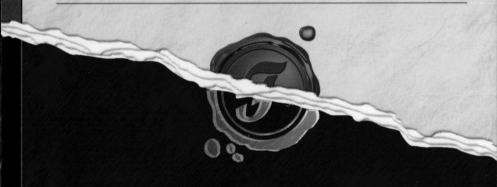

by
Daniel Völter